말랑말랑 생각법

말랑말랑 생각법

1판 1쇄 발행 2023. 3. 24.
1판 3쇄 발행 2023. 4. 21.

지은이 한명수

발행인 고세규
편집 김성태  디자인 윤석진  마케팅 김새로미  홍보 반재서
발행처 김영사
등록 1979년 5월 17일 (제406-2003-036호)
주소 경기도 파주시 문발로 197(문발동) 우편번호 10881
전화 마케팅부 031)955-3100, 편집부 031)955-3200 ┃ 팩스 031)955-3111

값은 뒤표지에 있습니다.
ISBN 978-89-349-6603-6 03320

홈페이지 www.gimmyoung.com        블로그 blog.naver.com/gybook
인스타그램 instagram.com/gimmyoung   이메일 bestbook@gimmyoung.com

좋은 독자가 좋은 책을 만듭니다.
김영사는 독자 여러분의 의견에 항상 귀 기울이고 있습니다.

Malang Malang

# 말랑말랑 생각법 한명수

일도 삶도 바뀌잖아

김영사

**일러두기**

1 국립국어원 표기법을 따르지 않은 표현도 있어요. 글맛을 살리기 위해서지요.
2 본문에서 언급한 단행본이 국내에 출간된 경우에는 국역본 제목으로 표기했고, 출간되지 않은 경우에는 최대한 원서에 가깝게 번역하고 원제를 병기했지요.
3 본문 일러스트는 저자가 손수 그렸어요.

입말을 살려 썼어요.
이런 책도 책꽂이에 한 권 있으면 재밌잖아요.

# 숨을 불어넣는
# 순간을 생각해

아내가 몇 장을 읽고 웃긴다고 말했다. 좋았다. 두 딸은 제목만 보고 "아빠네, 아빠." 하고 까르르 웃었다. 그래서 좋았다. (다 읽지도 않을 거면서)

'창의력'은 특출난 말이다. 사전에는 '새로운 것을 생각해내는 능력'이라는 특출난 뜻이 적혀 있다. 마치 천재들만 가질 수 있는 능력이란 생각이 들 정도다. 그런데 창의력을 이렇게 정의하면 어떨까? '내 안에 있는 것을 꺼내어 무엇인가 새로운 것을 실제로 존재하도록 만드는 능력'이라고 말이다. 그렇다면 누구나 가질 수 있는 (가지고 있는) 능력이 된다. (실제로도 그렇다)

창의력에 관한 질문을 받거나 강의를 요청받을 때마다 난감하다. 내가 뭔가를 만들고 망가뜨리고 보여주고 디자인하는 직업을 가졌기 때문이리라. 모든 디자이너가 창의적이지는 않고 창의적인 사람이 모두 디자이너는 아니지 않은가? (단지 어떤 만듦새의 기술자일 가능성이 더 크다) '나는 정말 창의적인 사람인가? 아닌가?' '내가 왜 창의적인 사람으로 보이지?' 스스로 질문하며 이 책을 썼다.

어릴 때부터 눈에 보이는 것을 잘 베꼈다. 입력(눈)

과 출력(손)의 기술이 좋았다. 뭔가를 살짝 보고 베껴서 비슷하게 구현하면 사람들이 놀라워하더라. 보고 듣고 느낀 것을 그대로 내뿜는 것이 과연 창의적일까? 그건 생리적 절차에 따라 학습한 것에 불과하다. 모방模倣, Imitation은 어디선가 들은 이야기를 더 리얼하게 히는, 허의 재능만 충만한 이야기꾼과 다르지 않다.

나는 공대를 다니다가 뒤늦게 (표현 기술을 잘 외워서 그리면 점수가 잘 나오는) 입시 미술을 준비해서 미술대학에 들어갔다. 그 후로 누군가를 따라 하거나 무언가를 흉내 냈다. 그런데 언제부턴가 그것이 지겹고 부끄럽고 마뜩잖아서 괴로웠다.

괴로움을 끊어내려면 내 안에 숨겨진 것을 마주하고 꺼내야 했다. 겉보기에 좋은 것이 아니라, 속을 파고들어 내 안에 있는 씨앗을 깨워야 했다. 한데 창의의 시작이 모방이라고 누가 말했던가? 아직도 나는 누군가의 탁월함을 살짝 훔치면서 신의 그림자를 끊임없이 모방하며 살고 있으니 말이다.

진흙 반죽처럼 말랑말랑해질 때가 있다. 온몸이 눈

물로 절여졌을 때, 뭔가가 망가져 어이없어 헛웃음이 나올 때, 나도 모르게 내 약점이 흘러나올 때, 그런 때를 자주 만난다면(또는 만든다면) 우리는 태초의 인간인 아담과 만날 수 있지 않을까? 진흙에 입김을 불어넣자 숨 쉬는 사람이 탄생하는 장면을 상상해본다.

우리는 태어날 때 말랑말랑한 존재였다. 부모님은 '뭐가 될까?' '어떻게 클까?' 하고 궁금해했다. 그런데 자라면서 어떤 틀에 의해 견고해지고 결국 로봇처럼 변해간다. 살면서 일하면서 같은 방식을 되풀이하는 게 지겹다는 생각이 들 때, 호흡Pneuma, Ruach이 불어넣어져 막 꿈틀대려는 기막힌 상태를 떠올려보면 좋겠다.

자, 지겨워서 죽을 것 같다는 말을 반복하는 여러분의 인생에 숨을 불어넣을 시간이 왔다. 모든 인간에게 선물로 주어진 창의성이라는 씨앗이 누구의 눈치도 안 보고 팍팍 자라났으면 좋겠다.

2023년 3월

한명수

# 1장. 견고한 껍데기를 벗긴다

# 2장. 겉과 속의 중간계를 넘나든다

## 3장. 본질에 집중한다

## 4장. 생명의 씨앗을 깨운다

# 자기
# 소개

## 나는 뭐라고 불리나?

"한 명씩 돌아가면서 자기소개 좀 부탁해요."

"저부터요?"

한 사람이 잔뜩 긴장한 목소리로 입을 떼면 자기소개 퍼레이드가 시작되지. 남들이 어떻게 하는지 눈치를 살핀 후 나에게 관심도 없는 사람들을 향해 이야기해.

"저는 누구고요, 어디에 살고요, 뭘 하고요, 잘 부탁드려요."

한 사람의 이야기가 끝나면 억지로 박수를 치거나 손바닥을 대충 부딪쳐. 그리고 모든 사람이 마치면 안도의 숨을 내쉬지. 낯선 사람들과 만나면 항상 하게 되는, 자기소개는 해도 해도 어려워. 매번 어색하고 미치겠어.

2000년대 후반, 어느 대기업 대회의실에서 자기소개 퍼레이드가 펼쳐졌어. 배우 이경영이 영화 속에서 "진행시켜—"라고 말할 때 자주 등장하는 배경 공간이 있잖아. 주주총회를 하면 딱 어울릴 만한 곳 말이야. 대회의실 한가운데에 커다란 고동색 나무 테이블이 아프리카 대륙처럼 육중하게 놓여 있었어. 그 테이블은 그 자리에 모인 모든 사람을 은근히 심각하게 만들고 말문이 막히게끔 하는 역할을 잘하고 있었지 뭐야. 힘센 우두머리 어르신이 재판관처럼 중앙의 큰 의자에 앉고 나서야 모두가 테이블 주위에 다소곳이 앉았어.

"새해 새롭게 조직이 꾸려졌으니 상견례를 합시다. 새로 온 사람도 있으니 여기서부터 순서대로 자기소개를 해봐요."

어르신이 운을 떼니 부서장들이 한 명씩 차례대로 일어나 자기소개를 했지.

"저는 '웅웅웅' 부서를 맡은 '뿡뿡뿡'이라고 합니다. 잘 부탁드립니다."

'짝짝짝.'

"저는 '붕딱붕' 부서의 '쿵쿵쿵'이라고 하는데 도전적인 한 해가 될 것 같습니다. 잘 부탁합니다."

'짝짝짝.'

"저는 '쐐리쐑쐑' 부서를 맡아 기대가 됩니다. '댕댕댕'이라고 합니다. 잘 부탁드립니다."

'짝짝짝… 짝.'

헛헛한 박수 소리와 어색한 분위기를 견디기 힘들었어. 테이블 주변을 맴도는 공기가 겸연쩍어 죽겠는데 내

순서가 점점 다가오더군. '콩닥콩닥' 뛰는 심장을 어루만지면서 부서장들의 인사말을 듣고 있자니, 이런 질문이 연달아 쏟아지는 거야.

'이게 뭐 하는 짓이지? 자기소개란 무엇인가? 이렇게 무의미하고 기억에도 남지 않을 인사는 왜들 하는 거지? 나도 저렇게 인사해야 조직원이 되는 건가? 똑같이 저렇게 할까? 여기서는 항상 이런 식으로 해왔나? 어르신은 행복한가? 사람들은 저런 소개를 기억이나 하려나?'

공허한 박수 소리가 타이밍에 맞춰 규칙적으로 울려 퍼졌고, 드디어 내 차례가 왔어. 사람들이 박수를 치는 게 지겨울 즈음이었지. 나는 잔챙이 나부랭이 부서장이었기에 거의 끄트머리였거든. 내 콩팥과 심장은 터질 것만 같았지.

나는 신발을 벗고 의자를 딛고 매끄럽게 왁스 칠한 테이블 위로 올라갔어. 그랬더니 천장의 흰 불빛이 눈앞에 굉장히 커다랗게 다가오더군. 아무래도 제정신이 아니었던 것 같아.

다리를 어깨보다 넓게 벌리고 두 팔을 만세를 부르듯 젖히고 온몸을 엑스x 모양으로 만든 후, 목소리가 최대한 떨리지 않게 애쓰며 인사를 했어. 목소리가 떨리면 쪽팔리잖아.

"저는 유엑스ux 디자인센터장을 맡은 활명수, 아니, 한명수라고 합니다. 고객의 경험, 익스피리언스Experience. 엑스x를 기억하시고 불러주시면 됩니다."

부르르 떨리는 목소리를 다급히 가라앉히면서 주위를 둘러보니 이게 무슨 일이야. 나를 바라보는 수십 명의 시선이 엄중한 공기를 뚫고 가라오케 미러볼의 레이저 광선처럼 형형색색 부딪히고 있었어.

'저 새끼 뭐야' '어쭈, 저놈 보게' '어머머…' 하는 우

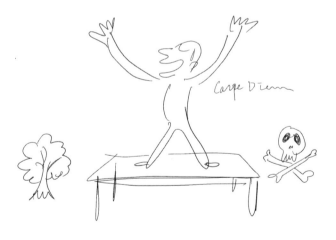

려와 당혹스러움, 신기함과 비난, 놀라움과 웃음, 어이없어하는 시선이 끊임없이 부딪히고 뱅글뱅글 돌더군. 나는 박수 소리를 들은지도 모른 채 테이블에서 황급히 내려와 의자에 앉았어.

관료 조직에서 내가 한 첫 번째 자기소개였어. 그 후로 나를 싫어하는 사람이 3분의 2, 나를 좋게 봐주는 사람이 3분의 1 정도로 나뉘더군. 물론 우두머리 어르신은 나를 좋아하지 않았지.


그때 내가 신발을 벗고 테이블 위로 올라간 이유가 있어. 문득 '카르페디엠Carpe diem(오늘을 즐겨라)'이라는 말이 떠올랐기 때문이야. 누군가 하던 대로 말고 내가 하고 싶은 대로 하는 용기가 생겼기 때문이야.

1990년 영화 〈죽은 시인의 사회〉가 우리나라에서 개봉했거든. 당시 재수생이었던 나는 서울 신사동 허름한 극장에서 혼자 그 영화를 보고 나서 오지게 울었고, 영화 속에 나오는 카르페디엠이라는 말이 좋아서 야간학습이 끝나면 소심히 읊곤 했어.

그 영화에서 가장 감동한 장면이 있거든. 주인공 키

팅 선생님이 잔뜩 짓눌린 기숙학교 학생들과 처음 대면할 때 교탁 위로 올라가는 모습이야. 온몸이 짜릿했지. 전율이 일었어. 키팅 선생님이 책상에 앉은 학생들을 내려다보며 자신의 시선을 이야기할 때 심장이 얼마나 뛰었는지 몰라.

나는 〈죽은 시인의 사회〉를, 키팅 선생님을 좋아해. 그런데 십수 년간 내가 좋아한 그 장면을 내 삶으로 끌어온 적이 없었어. 마음속으로만 좋아하는 게 진짜 좋아하는 건 아니잖아. 그것이 내 것은 아니잖아. "여행 좋아해요" "고양이 좋아해요" "만화 좋아해요" "저는 MBTI의 I예요"라고 말하는 게 충분한 자기소개는 아니잖아.

그때 키팅 선생님이 외친 카르페디엠이 떠올랐던 건, 십수 년간 내 안에 눌려 있던 '나는 누구인가'에 대한 질문이 헛헛한 박수 소리에 홀려 저절로 튀어나왔기 때문이야.

신발을 벗고 테이블 위로 올라간 나 자신이 참 기특했어. 내가 좋아하는 것을 내 안에 숨겨두지 않고 직접 꺼냈으니까. 좋아하는 것이 아니라 좋아해서 하게 된 무엇이 내 진짜 모습이니까.

자기소개란 80억 지구인 중 나만이 유일하게 할 수 있는 이야기를 하는 거잖아. 사람은 저마다 자기만의 흥미로운 이야기가 있어. 조금 어설프지만 남과 다른 자기소개를 해볼 때 내가 어떤 사람인지 스스로 깨닫게 돼.

그 후로 (나 자신도 잘 모르는) 나를 드러낸 대가로 나를 싫어하는 사람과 맞닥뜨려야 하는 동시에 나를 좋아하는 사람과 긴밀하게 대화하는 복을 누리게 되었지. 빛과 어둠을 동시에 느끼는 세상에서 살게 된 거야.

자신을 드러내는 건 모험이야. 잃는 것과 얻는 것을 생생하게 느끼게 될 뿐 아니라 죽음과 생명의 기운을 동시에 얻게 되니까. 소심하고 지질한 사람에겐 죽을 것 같은 일이겠지만 절대 죽지는 않아. 등골에 흥미진진한 액체가 흐르고 쪽팔려 곁땀만 날 뿐이지. 남들이 다 하는 무색무취의 자기소개를 하며 잠잠히 묻어가는 평안에게 작별인사를 건넬 때, 여러분은 이런 질문을 떠올리게 될 거야.

'나는 대체 뭐라고 불리고 있지?'

'나는 대체 뭐라고 불리고 싶나?'

'나는 누구인가?'

1장

# 견고한 껍데기를
# 벗긴다

# 꺼내요

**내 안에 뭐가 들었나?**

태어날 때부터 장착된 기질이 그러한데 어쩌겠어. 남들 앞에 서는 게 죽는 것만큼 싫은 내성적인 기질과 성격은 대학생 때까지 나를 졸졸 따라다녔지. 여자애들이 많은 교회뿐 아니라 남학생들만 있는 학교에서도 부끄럼을 탔고, 무대 앞에 서면 쑥덕거리는 소리가 들렸어.

"쟤 좀 봐라. 명수 귀 빨개진다."

알나리깔나리 놀리는 것 같은 속삭임이 들려오면 수치스러웠지. 돌이켜보니 그건 귀엽다는 관심의 표현일 수도 있고, 지질한 녀석을 욕보이며 으스대는 청소년들의 명랑한 오락일 수도 있었겠지. 하지만 매번 그 소리를 듣는 게 개운치 않았어. 그렇다고 피할 수도 없고 숨을 수도 없었다고.

그러던 어느 날, 기적 같은 일이 일어났어. 오랫동안 만성화된 놀림과 귀여움을 받고 살던 내가 글쎄, 사람들 앞에 서서 이런 말을 한 거야.

"저… 지금 얼굴 빨개졌지요?"

그 말을 꺼낸 순간 강연장의 공기가 순식간에 바뀌었지. 아무리 손사래를 쳐도 윙윙거리며 따라다니는 파

리 떼가 에프킬라 한 방에 싹 사라진 것과 같았어. 놀라
웠지. 내가 완전히 역전승한 기분이 들었거든.

그 후로 아무도 나를 놀리지 않았어. 놀릴 수 없었
어. 볼 근육이 진동하고 목소리가 안 나오고 귓불이 벌
게질 때마다 "저 지금 귀가 벌겋지요? 빅수 좀 쳐주세요"
라고 말하면 다들 나를 격려해줬거든.

카를 구스타프 융이 언급한 심리 상담은 고백, 명료
화, 교육, 변형 순으로 이루어져. 내담자는 고백 단계에
서 개인사를 털어놓으면서 정화를 경험하고 비밀을 공
유하면서 동맹 관계를 형성한다고 해. 상세한 이론은 잘
모르겠지만 어쨌든 나는 기적 같은 고백 단계를 단박에
경험했어.

그때 내가 왜 갑자기 그런 말을 했는지 모르겠어. 수
군거리는 놀림을 극도로 참기 힘들었을까? 끊임없이 되풀
이되는 놀림을 받으며 살 생각을 하면 끔찍하잖아. '언젠
가는 그것을 끊어내야 살 수가 있겠다'라고 생각했던 것
같아.

그거 알아? 내가 나의 약점을 아무리 감춰도 남들은

다 안다는 사실을 말이야. 나만 그것을 모르고 남들이 못 본다고 생각하는 거야. 약점은 감출수록 더 잘 보여.

그때 나는 알았어. 내가 나의 약점을 솔직히 꺼내놓을 때 그것이 힘이 된다는 것을. 남들이 다 아는 나의 연약함을 애써 가리며 사는 삶보다 편하게 인정하고 내비치며 사는 삶에 자유로운 힘이 있다는 것을 말이야. 너무 늦지 않게 알아서 다행이자 기적이자 행운이지.

그 후로 나는 떨리면 떨린다고 말하고 어색하면 어색하다고 말하면서 내 속 깊은 연약함을 아직 닫히지 않은 갑피의 빈틈으로 서서히 꺼내는 법을 깨우쳤어. 멋진 갑피의 완벽하고 번드르르한 외연을 싫어하는 건 아니야. 나도 폼나고 근사해 보이는 게 좋아. 그런데 그게 좀 갑갑하잖아. 빈틈을 만들면 숨 쉬고 살 수 있어.

평소 자신의 연약함을 철저히 숨기며 자기 관리를 완벽히 하는 사람이 동료들과 칼국수를 먹다가 생긴 일이야. 그 사람이 재채기를 하다가 코에서 면발이 튀어나왔어. (실제로 내가 대학생 때 이런 일을 겪었는데 죽고 싶었지) 이런 순간에 대처하는 방법은 간단해. 실수는 삶의 일부이니 당연한 일이라 여기고 "아이코, 미안해요. 더럽고 추한 속이 들통났네요. 징그러웠지요, 죄송해요." 하고 주위 사람을 안심시킨 뒤 같이 웃는 거야. "다음에 이런 제 모습을 또 보고 싶으시면 말씀해주세요. 더 새로운 면발로 노력해보겠습니다"라는 멘트까지 한다면 정석이 감도는 순간을 경이롭게 바꿀 수 있겠지.

나의 약점을 드러내고 상대의 약점을 감싸 안을 때 친목을 두텁게 쌓을 수 있어. 이런 기회가 언제 찾아올지 모르니 나는 늘 약점이 드러나는 상황에 대비하고 살아. 내 안에서 연약한 것이 흘러나오는 순간 나는 힘을 얻을 수 있으니까.

약점을 숨기지 말고
약점을 사용해봐.
약점을 드러내도
안전한 조직이 필요해.

# 덮여 있는 껍데기를
# 살짝 벗길 수 있다면

**좋은 질문은 뭐지?**

나는 소위 '꼰대'라 불리는 회사 관료라서 면접을 자주 봐. 사람을 잘 뽑는 게 내 일이지. 일 잘하는 사람을 뽑는 게 목표지만 어떻게 일만 잘하는 사람을 뽑겠어. 일만 잘하는 사람을 뽑으면 회사가 망하지. 영혼 없이 손발만 들어오라고 할 수는 없기 때문이야. 동료들에게 사랑받고 주위에 영감을 줄 수 있는 사람들을 뽑아야 나 같은 관료는 뒷일이 줄어들어 편하다고. 사람을 잘못 뽑아서 고생하는 거 정말 싫어. 정해진 시간 안에 전인격적인 관점으로 사람을 이해해야 하는데, 그게 쉽지는 않아.

면접자 대다수는 긴장해. 어쩔 수 없지. 면접관에게 잘 보여야 하고 실수하면 인생을 망친다고 생각하거든. 자신을 굳건히 만들어서 연약함을 철저히 감추고 싶어해. 그 모습을 보면 참 안쓰러워. 긴장한 사람과 대화하면 불편하니 처음에는 웃는 인사가 필요하지. 그래서 나는 잇몸이 보이도록 활짝 웃으면서 '긴장아, 풀어지렴. 난 너를 잡아먹지 않아'라고 속으로 말해. 경직된 분위기를 풀어보려 노력하지만 여전히 어색해.

상대를 이해하기 위한 좋은 질문들이 있을 거야. 나

는 매번 어떤 질문이 좋은 질문일까를 연구해. '자신에 대해 짧게 설명해달라는 게 좋은 질문일까? 오늘 아침에 일어나서 제일 먼저 떠오른 생각과 행동을 이야기해달라는 게 좋은 질문일까?' '당신의 단점을 말해달라는 게 좋은 질문일까? 최근 힘들어서 누군가에게 어떤 도움을 요청한 적이 있는가를 묻는 게 좋은 질문일까?' 궁금한 건 똑같은데 다른 투로 물어보는 거지.

사실 궁금한 건 단순해. 무엇을 제일 중요시 여기며 사는지(가치관), 세상을 어떻게 보면서 숨 쉬는지(세계관), 그리고 오랜 시간 습득해 몸에 밴 것들, 머릿속에 쌓인 것들, 그런 것들을 알고 싶은 거야. 일을 재밌게 같이하려면 자연스레 작동되는 힘을 연결해서 협동해야 하니까. 억지로 시늉해서 잘 보이려고 하는 행동을 보면 어색하고 괴롭거든.

면접용 대화를 한참 해도 상대를 파악하기 어려울 때가 있어. 모든 게 희망적이고 대가를 바라지 않으며 충성을 다해 일하겠다는 말은 가공 육포 안에 들어 있는 실리카겔 같잖아. 옳고 좋은 말에 대꾸할 때는 이런 질문이 제격이지.

"지금 다니는 회사의 보스가 어떤 조건을 제시하면 그만두려는 마음이 흔들릴 것 같으세요? 1번, 팀장을 시켜주겠다. 2번, 연봉을 1,000만 원 더 올려주겠다. 3번, 하고 싶은 일을 하게 해주겠다."

구체적인 상상을 불러일으키는 질문은 순식간에 상대의 눈동자 뒷면 세포를 확장하며 진실을 이야기하게 만들어. '1번, 2번, 3번 중에 무엇을 고를까?' '다른 답을 말할까?' '거짓말을 할까 말까?' 면접자는 짱구를 굴리다가 진실에 다다르지.

"1번, 2번, 3번, 다 아니고요. 사실은…"

껍데기 속에 감춘 진짜 이유가 슬그머니 나올 때 우리는 인격적인 대화의 향연으로 들어가. 그 순간이 참 좋지. "저한테 그런 제안을 할까요? 제가 어떤 사람으로 보이는지 잘 모르겠네요"라고 솔직한 마음을 내비치고 갈등하는 마음을 드러내는 것만으로도 대화를 충분히 하고 있다는 느낌이 들어. "연봉을 많이 주면 좋긴 하겠네요"라는 말을 들으면 속물스럽지 않은 상대에게 연민과 다정을 느끼게 돼.

면접이란 무엇일까? 회사에 면접 보러 간다는 건 어떤 의미일까? 회사는 다른 말로 법인法人, Legal Person이라고 해. (어머, 나와 같은 사람 인人, Person이잖아) 사람이 회사를 만나는 건 사람이 사람을 만나는 거야. 거대한 괴물이나 건물을 만나는 것이 아니라고. 그래서 나는 투박하고 퍽퍽한 면접 시간일지라도 한마디 한마디를 '사람스럽게' 하지.

몇 가지 질문을 비교해볼까? 똑같은 의미인데 상대가 다르게 대답하기 마련인, 같은 것 같지만 다른 질문들이야.

"앞으로 뭘 하고 싶으세요? 계획이 뭐예요?"

Vs.

"5년 정도 후 다른 사람들이 당신을 뭐라고 부르면 되게 기분이 좋을 것 같으세요? 직장 동료나 가족이나 친구나 상관없이요."

(계획이란 말 안 썼지롱)


우리가 당신을 왜 선택해야 하지요?

Vs.

처음 입사하면 어색하고 낯설어서 힘들 수도 있을 텐데, 당신이 무얼 하면 주위 사람들이 기뻐하고 감동할까요? 아주 작은 것일 수록 좋아요. (선택이란 말 안 썼음)

자신의 **장점**을 말해보세요.

Vs.

거울 앞에 있다고 생각해보고요. 사람들이 거울에 비친 내 겉모습 말고 '이런 것도 좀 봐주지' '이런 건 왜 몰라주는 걸까?' 하는 것이 있을까요? (장점이란 단어 안 썼음)

당신의 **약점**은 무엇인가요?

Vs.

힘든 일이 있을 때 도움받은 적이 있지요? 원하는 만큼 뭔가가 안 될 때 혼자 해결하는 게 편해요? 누군가에게 도움을 받는 게 편해요? (약점이란 말 안 했다고)

자신의 **약점**을 보완하기 위해 어떤 노력을 했나요?

Vs.

같은 실수나 실패를 반복하면 속상하잖아요. 남들보다 못할 때

도요. 그럴 때 좀 더 나아지려면 어떻게 하는 게 당신한테 익숙한 방식이에요? (약점과 보완이란 말 안 하려고 애쓰고 있어)

**좋아하는 것은 무엇인가요?**
Vs.
**최근 누군가에게 감동하거나 어떤 이유로 많이 행복했던 적이 있나요? 저는 다른 사람의 행복한 이야기를 들으면 되게 행복하거든요. 듣고 싶어요.** (좋아하는 거 안 물어볼래. 소개팅도 아니잖아)

어떤 질문이 더 좋은 질문인지 나도 아직 잘 모르겠지만 말문을 열어주고 싶어서 그래. 구체적인 호기심 하나로 문빗장을 활짝 열어주는 사람을 만나고 싶어서 그래. 예전에 나도 누군가 앞에 설 때면 긴장하고 눈치 보며 버벅댔거든. 잘 보이려고 할수록 말이 꼬이기 때문이지. 상대가 편안하게 이야기할 때 기분이 좋잖아. 편안한 분위기에서 포장하지 않은 진짜 이야기를 들어야 기분이 맑아지지 않나?

껍데기를 단단히 씌운 채로 근사한 답을 잘하는 사람들을 만나면 대단하다는 생각과 동시에 안쓰러운 마음이 들어. 그 껍데기를 '와그작와그작' 억지로 깰까? 상대가 스스로 껍데기를 벗고 속엣말을 '스르륵스르륵' 꺼내게 만드는 게 좋을까? 가끔 나도 내 마음밭이 탁할 때 그 껍데기를 깨고 '아차차' 후회해. 그런 나 때문에 누군가의 껍데기는 더 두꺼워졌겠지.

누군가의 말문을 열고 싶다면 호기심을 가져봐. 말랑말랑한 속살을 만지는 듯한 대화는 상대의 속을 진짜 궁금해하는 태도에서 시작하거든. 별 볼 일 없는 나에게 호기심을 가져준 사람 덕분에 나도 말문이 열렸어.

# 정의란
# 무엇인가?

**정의 내리기 1**

"너, 나 사랑해?"

"응, 물론… 근데 왜?"

"사랑하지 않는 것 같아서…"

"내가 너한테 선물도 많이 사주고 얼마 전에는 비싼 반지도 줬잖아. 뭔 소리야, 널 얼마나 사랑한다고!"

"난 그게 사랑이 아니라고 생각해. 내가 생각하는 사랑은 말이야… 어쩌고저쩌고."

사랑이 뭘까? 사랑에 관한 정의는 너무 많아. 사랑뿐만이 아니야. 누군가와 어떤 일을 함께할 때 제일 먼저 해야 하는 일이 있어. 서로 쓰는 말이 어떤 뜻인지 확인하고 정의하는 거야. 똑같은 말을 하는데 전혀 다른 뜻으로 이야기하고 있다는 걸 깨닫는 순간이 있거든. 이를테면 한 사람이 "고객 경험을 향상시키자"라고 제안을 했어. 다른 한 사람이 "네, 고객 경험 증대를 위해 최선을 다하겠습니다"라고 대답을 했어. 그런데 제안한 사람과 대답한 사람이 머릿속에 그린 생각이 전혀 다를 때가 있거든. 추상 언어나 개념 언어를 사용할수록 생각의 차이는 더 커지지.

어떤 말을 할 때 그 말의 정의를 내리고 확인하는 일

이 중요해. 정의 내리기는 몹시 성가시고 불편하며 재수 없지. 예를 들면 점심시간에 선배가 "아… 잘살고 싶다"라고 무심코 말하는데, 옆에 있던 후배가 "잘사는 것은 무엇인가요?"라고 묻는다면 밥맛이 뚝 떨어질 거야. 그러니까 우리는 일상에서 정의 내리는 질문을 거의 하지 않지. 별빛이 쏟아지는 모닥불 가에서 술 한잔하면서 혼자 되뇔 때나 하려나? '젊음이란 무엇인가' '내가 살아온 발자취는 무엇인가'와 같은 말을 일상에서 하면 어색하기 짝이 없고 오글거리잖아.

"이따가 뭐할 거야?"

"나 바빠. 책 읽고 독후감 써야 해."

"책이란 우리 삶에서 무엇인가? 독후감은 너에게 무엇인가?"

"&^%$#＊ (아… 재수 없어)."

그냥 아무렇지 않게 뻔한 이야기를 했는데 상대가 뻔하지 않은 표정으로 질문을 하면 살짝 당황할 수 있잖아. 그래서 정의 내리기는 불편한데 그 불편한 질문이 새로운 세계의 문을 열어주는 기적의 열쇳말이야. 열쇠가 없으면 답답한 문이 안 열리지.

학생들이나 일터의 동료들, 지인들이 종종 이런 이야기를 해.

"굿즈●를 만들어야 하는데 어떻게 만들어야 하지? 뭘 만들면 예쁘지?"

이런 이야기를 들으면 궁금해서 물어.

"근데 굿즈가 뭐예요?"

"…"

정의를 물으면 대다수 눈동자는 북극성을 찾아 헤매는 듯 빙그르르 돌지. 평소 으레 쓰는 단어의 뜻이 무엇인지 물으면, 갑자기 뇌가 쪼그라들거든. 왜 묻지? 몰라서 묻나? 내가 아는 뜻과 다른 뜻이 있나? 뭐지?

"구웃… 즈. 예쁜 기념품… 사은품… 아닌가요?"

● 　원래 굿즈Goods는 일반적인 상품, 제품, 물품을 뜻하며, 재財, 재화財貨라는 의미로 경제학 혹은 기업의 재무제표에서나 쓸 법한 딱딱한 단어지. 그런데 일본에서 특정한 캐릭터, 작품을 팬에게 팔려고 만든 파생 상품들을 의미하는 말로 변형되었어. 영어권에서는 이러한 팬덤을 노린 상품을 일컬어 머천다이즈Merchandise라고 하지, 굿즈라고 부르지는 않아.

뇌가 얼어붙어 긴장한 상태에서 나온 말은 늘 가녀리고 힘이 없지.

"맞아요. 누군가에게 나눠주거나 팔고 싶은 생활 소품 같은 것일 듯해요. 머그컵, 에코백, 텀블러, 수첩, 볼펜, 인형, 스티커, 그런 것들을 생각하는 거지요?"

"네. 그런 거 만들려고요. 사람들이 그거 쓰면서 우리 회사, 우리 서비스를 늘 기억해주면 좋을 것 같아요."

"판촉물이 아니라 굿즈라고 하면 뭐가 달라질까요?"

"넹? (아직 북극성을 못 찾은 눈동자로) 음… 글쎄요… 판촉물이라고 하면 없어 보이잖아요. 손톱깎이나 우산 같은 것이라고 하면 촌스럽고요. 굿즈라고 하면 좀 예쁘고 귀여운 것들인데… 판촉물이랑 같은 건가? 다른 것 같은데…"

"에코백에 이번 행사 로고 박은 걸 나눠주면요. 받은 사람이 언제 이걸 쓸 것 같아요? 이걸 쓸 때 무슨 생각할 것 같아요?"

"(사실 자기도 안 쓸 것 같다는 표정으로) 음…"

"(겉으로 안 들리게 속으로만 말해야 함) 굿즈란 무엇인가?"

우리 집에도 이상한 애물단지가 꽤 있어. 조악한 품

질에 로고가 대빵 크게 들어간 물건들을 보면 '아— 쓰레기를 만드느라 돈을 쓰셨구나. 쯧쯧.' 안쓰럽고 미안해. 매니큐어 지우는 아세톤으로 로고를 지우다가 더 지저분해진 파우치와 텀블러도 있어. (손가락으로 몇 번 문지르면 로고가 지워지게끔 만들면 좋으련만)

대개 행사나 이벤트를 기념하려고 만든 상품들은 우리의 관습이 몽땅 투영되어 드러난 '총체적 문화 산물'인 것 같아. 만든 사람이 의미 있고 특별한 굿즈를 접해본 경험이 부족해서일까? 구태의연한 상품들을 선정해 로고나 캐릭터를 욱여넣곤 굿즈를 만들었다고 하니 굿즈의 정의가 뿌옇지.

그럼 내가 정의하는 '굿즈'란 뭐냐. '이것을 받은 순간 느끼는 독특한 느낌과 기억거리, 시간이 지나도 계속 의미가 살아 있는 그 무엇'●이라고 말하면 좀 길지? 정

---

● 군이 큰 비용을 들여 뭔가를 제작하지 않아도 괜찮은 굿즈를 만들 수 있어. 시그니처 컬러가 파란색인 회사라면 파란색 슬리퍼, 수건, 모자, 연필, 바다 사진 엽서(모두 기성품)를 직접 안 만들고 잘 구해오기만 해도 되지. 파란색 손글씨로 푸르디 푸른 마음을 담아 편지를 쓰고 박스에 잘 담으면 진귀한 굿즈가 되지.

의 내리기는 단순하고 쌈빡하지 않아. 물컹물컹 구구절 절 너절하기까지 해. 생각을 깊게 해나가는 과정을 언어로 만드는 과정이기 때문이야.


언젠가 회사 중역 회의 때 이런 일도 있었어. 우두 머리 한 분이 "커뮤니케이션을 잘해야 해. 커뮤니케이션 활성화 정책을 잘 세우자"라고 목소리를 높였지. 그때 내가 대뜸 이런 질문을 했어.

"(귀엽고 천진한 표정으로) 그런데, 커뮤니케이션이 대체 뭐예요?"

"(식은 에스프레소를 마신 표정으로) 아니… 그게… 소통이잖아."

"(순수하고 맑디맑은 눈빛으로) 아, 네… 그러면 소통은 뭐예요?"

"으으… 커뮤니케이션이지… 으흠. 근데 왜?"

커뮤니케이션이 중요하다고 말하는 분과 일하는 사람들이 왜 답답해하는지를 나도 알게 된 순간이야.

커뮤니케이션을 잘하고 싶다고 잘해야 한다고 이야기하는 사람들이 온천지에 가득하지만, 소통이 제대로 되지 않는 이유가 뭘까? 커뮤니케이션이란 말뜻을 제대로 정의하지 못해서이지 않을까? 그래서 커뮤니케이션 전문가들은 어떡하든 자신만의 관점으로 정의를 내리고 자기가 내린 정의에 맞춰 소통 ●하지. 사전에 나와 있는 죽은 정의 말고 자신이 깨달은 정의에 따라서 말이야.

가끔 동료나 상사가 기분이 좋을 때 아주 상큼한 웃음을 머금고, "저기요… 근데… 커뮤니케이션이 뭐라고 생각하세요?"라고 물어봐. 아주 불편하고 재수 없는 질문이기 때문에 반드시 기분이 좋을 때 물어야 해. 새로운 세상의 문을 열 때 웃지 않으면, 냉큼 날아오는 '너 재수 없어'라는 환멸과 힐난의 눈빛을 감당해야 하거든.

●    소통의 뜻을 밝히려고 굳이 한자까지 찾다 보면 알게 되지. 소통할 소疏는 '트이다' '드물다, 멀다'라는 뜻이 함께 있어서, 이미 멀어진 무언가를 전제하고 있다는 걸 말이야. 그래서 완벽한 소통疏通은 불가능하구나.

# 커뮤니케이션이란 무엇인가?

**정의 내리기 2**

내가 다닌 여섯 번째 회사 이름이 어쩌고저쩌고 커뮤니케이션즈야. (지금 다니는 회사는 아홉 번째 회사고) 커뮤니케이션이란 말을 대놓고 쓴다는 건 그만큼 그 말의 정의에 책임을 지고 정성을 다하겠다는 의미잖아. 그래서 그 회사에 다닐 때 '커뮤니케이션이란 무엇인가?'와 같은 질문을 나 자신에게 매일매일 던졌지만, 질문한다고 바로 소통 능력이 향상되지는 않더군. 커뮤니케이션을 참 못하면서 회사에 다녔던 것 같아.

그때 언변이 뛰어난 커뮤니케이션 전문가들의 강의를 꽤 많이 들었어. 직책을 맡고 관리자가 되면 교육을 받아야 하잖아. 뭘 알아야 일을 더 많이 시키고 쫄 수 있으니까. 아니, 섬길 수 있으니까. 오랜 시간 들여서 강의를 듣고 꽤 근사한 교육 자료를 보며 워크숍을 하고 훈련을 받았지만, 아무리 그런 교육을 받아도 즉시 달라지진 않더군.

"신뢰받는 커뮤니케이션을 하려면 솔직함Openness, 존중Respect, 지지Support, 3요소가 중요하다.""적극적인 경청Active Listening이 필요하다. 상대의 감정을 파악해 반응하라. 듣는 것이 먼저다. 상대의 입장에서 진심으로 이해하라." "커뮤니케이션이란 비언어적인 대화가 더 많다. 의사소통에서 언어의 내용은 7퍼센트, 어조나 억양이 38퍼센트, 비언어적 몸짓이 55퍼센트의 비중을 차지한다." "머리와 가슴으로 들어라. 대화로 표현되지 않는 것을 파악해야 한다." "목표 설정Goal ― 현상 파악Reality ― 대안 파악Option ― 실행 의지Will의 순서대로 대화해서 친밀감을 획득하라." 이런 굉장히 멋진 이야기를 마구 들어도 내 삶이 변화하지 않는 이유는 무엇일까?

가만 생각해보면 나에게 커뮤니케이션을 제대로 알려준 사람은 아내와 두 딸이야. 첫째 딸 시온이가 초등학교 6학년 때였지. 어느 날, 시온이가 엄마에게 무지하게 짜증을 내고 등교한 적이 있었어. 옷이 마음에 안 들었거나 머리 모양이 잘 잡히지 않았거나 사춘기라서 예민했을 수도 있어. 어쨌든 아침에 싸우는 소리를 듣고 나니 온종일 기분이 좋지 않았어.

그날 무거운 마음으로 야근을 하고 집으로 들어가다가 웃었지 뭐야. 우리 집 현관 입구엔 유리로 만든 중문이 있는데, 거기에 하얀 수성펜으로 이런 글자가 쓰여 있는 거야.

"엄마, Hello? ㅋㅋ 오늘 아침에 화내서 정말 죄송해요. 엄마는 하나도 잘못한 게 없고 그냥 저를 도와주시려고 한 건데 화내서 미안해요. 어쩌고저쩌고… Thank you! and I ♡ You. 동생 소울아! 엄마 오시기 전까지 절대 만지거나 지우면 안 돼!"

이게 뭐라고! 중문에 삐뚤빼뚤 쓴 하얀 글자를 읽는 수십 초 동안, 내 마음은 온통 평화로 가득 찼어. 집에 들어가니 두 딸은 자고 있고, 아내는 천사와 구름이 가득한 천국에서 둥실 떠 있는 듯한 표정을 짓고 있더라고.

'집에 평화가 찾아왔구나. 이런 것이구나. 얼굴을 보고 대화한 것도 아니고, 논리적인 이유를 들어 설명한 것도 아니고, 아름다운 서사로 표현한 것도 아니고, 한낱 엉성한 글자가 유리문에 쓰여 있는 것이 다인데, 막힌 것을 몽땅 녹여버리는 것은 이런 거로구나. 일터에서 수백 시간 배운 커뮤니케이션 잘하는 법이 여기 다 담겨있네'라고 나는 속으로 말했지.

첫째, 의도. '나는 그리 나쁜 딸이 아니라고요.' 둘째, 생각. '나는 아침에 기분이 그냥 나빴고, 어찌어찌하다가 못 참은 거예요. 나도 다 이유가 있고, 존중받고 싶고, 이렇게 계속 꿍하고 있으면 밥도 안 주고 머리도 예쁘게 안 묶어줄 거잖아요. 난 예쁜 게 좋은데…' 셋째, 감정. '미안해요. 고마워요. 사랑해요.'

믿음, 소망, 사랑, 그중 제일은 사랑이라.

의도, 생각, 감정, 그중 제일은 감정이라.

진실하게 말하고

자연스럽게 행동하면

상대의 마음을 움직일 수 있다.

# 반대말은
# 뭘까?

**정의 내리기 3**

매주 금요일마다 일터 동료들에게 이메일을 쓰곤 했어. 꼰대들은 그런 짓을 좋아하거든. 어느 날, 이번 주에는 무슨 이야기를 할까 하다가 퀴즈를 냈어. 이메일의 제목은 '스토리텔링의 반대말은 무엇인가?' 일단 제목으로 관심을 낚고 싶었지. 지금 이 글을 읽는 여러분도 그 답이 궁금하지? 이런 질문은 어디에서도 받아보지 못했을 테니까.

나는 직업 때문에 '스토리텔링'이란 단어를 자주 많이 쓰거든. "스토리텔링이 중요하다" "스토리텔링이 살아 있어야 진정한 어쩌고저쩌고…" "이 콘텐츠는 스토리텔링 형식이 어쩌고저쩌고…"라는 말을 귀에 박히도록 듣지. 창작자들은 스토리텔링이란 말로 먹고살기도 하잖아.

내가 스토리텔링이라고 말할 때 듣는 사람들은 이 말을 어떻게 이해할까? 궁금했어. 같은 단어를 써도 인상과 해석은 저마다 다를 수 있으니까. 포털 사이트에서 스토리텔링이란 단어를 검색해봐. 엄청 긴 문장들이 유식한 체하며 막 가르치려 할 거야. (1분 정도 기다려주지) 어때? 이해가 돼? 어떤 것이 떠올라? 설명을 보니 좋아?

'스토리텔링의 반대말은 무엇인가'를 물었더니 웬일이니 '뿡뿡' 답메일이 왔어. (단체 이메일을 보냈는데 한 명 한 명에게 답장을 받으면 특별한 기분이 들어) 이런 답들이 왔는데 꽤 재밌어.

스토리텔링 ↔ 이미지텔링

스토리텔링 ↔ 무비텔링

스토리텔링 ↔ 영상텔링

스토리텔링 ↔ 스토리언더스탠딩

스토리텔링 ↔ 은폐 Concealment

스토리텔링 ↔ 막말

스토리텔링 ↔ 스토리리딩

스토리텔링 ↔ 스토리안텔링

스토리텔링 ↔ 벽보고샤우팅

스토리텔링 ↔ 스토리낫띵

스토리텔링 ↔ 저스트내러티브

스토리텔링의 반대말이 참 많지? 반대말을 살펴보니 스토리텔링의 의미가 다양하다는 걸 알 수 있어. 맞아.

우리가 늘 사용하는 단어와 개념을 다른 언어로 정리하는 과정을 거치면 인식이 깨어나는 즐거움이 생겨. 특히 반대말을 억지로 만드는 건 본질을 파고드는 귀한 삽질, 또는 곡괭이질과 같지.

'행복'의 반대말이 뭐냐고 물어보면 대다수가 '불행'이라고 대답하지만, 어떤 이는 '외로움'이라고 자신만의 생각을 말하거든. 그럴 때 행복이란 것이 무덤 안에 묻혀 있다가 벌떡 일어나서 꿈틀거리는 느낌이 들어.

나는 30대 초반에 스토리텔링이라는 말이 멋있게 들렸어. 스토리텔링이 무엇인지 궁금했고, 왠지 마음에 끌려서 공부했어. 재밌더라고. 우리나라에 '디지털스토리텔링학회'라는 곳도 있더라고. 언젠가 그 학회에서 강연한 적도 있어. 내가 뭘 안다고 말이야.

'이야기하는 것'은 인류 역사에서 언제부터 시작되었고 인간은 왜 그것에 매료될까? 게임 개발자들도, 콘텐츠 사업가도, 브랜드 마케터도, 드라마 PD도, 춤추는 아티스트도, 심지어 연애하는 연인들도 스토리텔링이 겁나 중요하다고 노래를 부르잖아.

스토리텔링이 녹아 있는 것들은 이야기의 소재와 때깔이 저마다 달라도 살아 움직여. 그것이 장편 서사거나 그림 한 점이라도 말이야. 같은 이야기를 해도 누구의 이야기는 흥미롭고 누구의 이야기는 별로일 때가 있잖아. 똑같이 내러티브를 설계하고 세계관을 집어넣고 주인공 캐릭터를 설정하고 미학적으로 멋진 스타일을 부려도, 누구는 잘되고 누구는 망하잖아. 그 이유가 뭘까?

여기 두 개의 그림이 있어. 짜잔—

쓰레기Data가 어떻게 정보Information가 되고 그것이 지식Knowledge으로 엮이며 나중에 지혜Wisdom가 되는가에 대한 여정을 보여주는 그림이야.

같은 이야기를 다른 형식으로 보여주지. 정보형 학구적인 스타일과 이야기형 만화 스타일의 대비가 선명하지? 너는 무엇이 더 마음에 들어? 이해가 더 잘 돼?

만화는 첫 단계에서 다음 단계로 쭉쭉 연결되며 흐르지. 지혜가 대개 스토리텔링의 형식을 취하고 있다면, 만화가 피라미드 도식보다 내용과 형식 차원에서 한 수 위라고 생각해. 쉬워 보이려면 더 깊게 고민해야 하거든.

< DIKW 피라미드 >

DATA
이것저것 쓸모없는 것들…

INFORMATION
이름을 붙여주니 '정보'가 되고.

KNOWLEDGE
정보를 엮어나가 '지식'이 되고…

WISDOM!
상상과 추론을 하여 '지혜'가─!

< The Futurist, 1982> 책에 실린 미국 만화를 베껴서 다시 그렸습음~

그래야 겨우 쉬워 보이는 걸 만들 수 있기 때문이야.

아, 그래서 스토리텔링의 반대말은 뭐냐고? 내가 답을 쓱 써버리면 재미없을 것 같아서 아래와 같은 연극

적 구성을 활용해 정답을 공개할게. 실제로 이렇게 써서 단체 이메일을 보냈어. 이메일 발송인(이하, 발)과 지혜자 (이하, W)의 대화야.

**발** 안녕하세요, 혜자 님.

**W** 까꿍.

**발** 시간 가는 줄 모르게 빠져드는 이야기가 있어요. 신기해요.

**W** 사람도 마찬가지 아닐까?

**발** 맞아요. 그 차이는 뭘까요?

**W** 데이터, 정보, 지식, 지혜로 구분된 피라미드 도식을 봐. 지식과 지혜 사이에서 무슨 일이 벌어지는지 잘 보면 될 것 같구먼.

**발** 중간에 라인이 있는데요.

**W** 목에 그어줄까?

**발** 아, 지식을 더 쌓으란 뜻은 아니겠지요? 꼭대기 삼각형은 작은데⋯

**W** 지식은 대개 어떤 형식으로 이루어져 있을까?

**발** 음⋯ 순서를 잘 배열해서 논리적으로, 단계별로, 계층 구조로 쉽게⋯

**W** 쉽게?

**발** 아… 아니요. 어렵게…

**W** 지혜로운 선조들은 누군가 알아들을 수 있는 스토리텔링으로 선물을 남겨두었네. 그것을 잘 보게나.

**발** 《탈무드》 같은 책이요?

**W** 논문집 같은 것은 아니지.

**발** 사람들은 누구나 스토리텔링에 빠져들어요. 재밌어서 그런 거겠지요? 시간 가는 줄 모르고…

**W** '시간 가는 줄 모른다'란 과연 무슨 뜻일까?

**발** '크로노스 Chronos' 말고 '카이로스 Kairos' •라는 말을 알면 되는 거 아닌가요?

**W** 그런 어려운 말을 쓰면 아는 체한다고 놀림당할걸…

**발** 아… 쉽게… 그나저나 스토리텔링은 어떻게 시간 가는 줄 모르게 그 안으로 우리를 빨아들일까요? 신비로워요.

**W** 흐르기 때문이지.

---

• 크로노스란 흔히 우리가 알고 있는 객관적·정량적 시간. 카이로스란 자신이 가치를 창출하는 주관적·정성적 시간. 예를 들면 "하루가 천년 같고 천년이 하루 같다"라는 말에서 '천년'이 곧 카이로스의 시간이야.

**발** 오… ☀ 흐르기 때문… 심리학자 미하이 칙센트미하이도 시간 가는 줄 모르는 그 순간을 몰입 Flow의 순간이라고 말했잖아요. 같은 뜻인가요?

**W** 흐르는 것에는 대표적으로 피가 있지. 피가 혈관에 흐르지 않으면 생명체는 죽지.

**발** 혈맥을 따라 피가 계속 흐르는 생명… 스토리텔링은 결국, 생명이란 뜻이군요.

**W** 살아 있는 것을 좋아하나?

**발** 물론이지요. 좀비는 무서워요.

**W** 스토리텔링의 반대말을 알고 싶어서 이 대화를 엿듣고 있는 친구들을 위해 마지막 인사를 하세.

**발** 아… 스토리텔링… 흐른다… 생명… 플로우… 생명의 반대말은 그러니까, 관상동맥협착증 Coronary Artery Disease?

**W** 죽을래?

**발** 죽음?

**W** ☀

반대말을 억지로 만드는 건
본질을 파고드는 귀한 삽질,
또는 곡괭이질과 같지.

# 문화의
# 반대말은 뭘까?

정의 내리기 4

"용기의 반대말은?"

"두려움."


"재미의 반대말은?"

"진지… 아니, 엄숙."

"크… 좋아."


"행복의 반대말은?"

"(아주 당연하다는 듯) 불행!"

"음… 그건 생각 안 하고 툭 튀어나오는 (학습된) 단어잖아. 다시. (눈에 힘을 주고) 행복의 반대말은?"

"(자신 없다는 듯) 불행… 아닌가? 뭐지?"

"에이, 조금만 생각을 해봐. 구글 검색하지 말고, 본인만의 구체적인 경험으로."

"음… 으음… 무관심?"

"오오오오! 좋아. 너만의 훌륭한 반대말을 찾아냈어."


"창의의 반대말은?"

"음…"

"&^%$ 어렵… 비창의? 관습? 효율?"

반대말 생각해보는 거 재밌지? 그런데 쉽지 않지? 우리가 알고 있는, 알고 있다고 생각하는 흔한 말들을 반대말로 정의하는 건 매우 힘들어. 그 뜻을 정확히 이해하고 있거나 해석을 해봤어야 반대말을 떠올릴 수 있기 때문이야.

우리가 흔히 쓰는 단어인 문화Culture의 반대말은 뭘까? 포털 사이트 검색 찬스를 써도 좋아. 국립국어원 표준국어대사전에 따르면 '문화'의 정의는 다음과 같아. "자연 상태에서 벗어나 일정한 목적 또는 생활 이상을 실현하고자 사회 구성원에 의하여 습득, 공유, 전달되는 행동 양식이나 생활 양식의 과정 및 그 과정에서 이룩해 낸 물질적·정신적 소득을 통틀어 이르는 말. 의식주를 비롯하여 언어, 풍습, 종교, 학문, 예술, 제도 따위를 모두 포함한다."

문화의 사전적 정의를 알았으니 이제 문화의 반대말을 알아맞혀봐. 야만? 비문명? 원시? 무질서? 본성? 화

문火門? 여러 답이 있을 테지만 나는 나만의 반대말을 말해볼게. 사전에 힌트가 나와 있긴 해. 바로 '자연Nature'인 것 같아. 자연이란 사람의 힘을 더하지 않는 천연天然 그대로의 상태지. 문화의 반대말이 왜 자연인지 이유를 들어볼래?

이제부터 가만히 눈을 감고 상상해봐. 인간은 자연 상태에서 벗어나기 위해 어떤 고대의 시간을 거쳐 왔을까? 머릿속으로 그려봐. 수렵채취하며 유랑하던 생활을 끝내고 한곳에 정착하여 농경을 시작했겠지. 유발 하라리의《사피엔스》같은 책을 읽어보지 않아도 이 정도는 알지?

인간은 농사를 지으며 땅에 얽매이게 되었지. (앗, 부동산의 시작?) 열매를 채집하고 동물을 사냥하던 생활을 하다가, 식물을 키우고 가축을 기르는 생활을 하면서 울타리를 만들기 시작했어. 울타리는 자연에 원래 없던 것이야. 영역을 인위적으로 구분하고 만들었지. 농작물 망치는 짐승을 잡으려고, 덫을 만들고 무기를 만들었어. 역시 자연에는 없던 것이야. 엄청나게 큰 고인돌이나 거대

구조물[•]을 세워서 다른 부족이 쳐들어오지 못하도록 힘자랑하고 과시하는 이상한 짓들을 했어. 사람들은 커다란 뭔가를 보면 위압감을 느끼고 만만하게 굴지 못하니 노예까지 동원해 억지로 큰 것들을 만드나 봐.

그러다 이런 생각을 했겠지. 농사에 중요한 건 뭘까? 농사를 짓는데 비가 안 오네. 큰일 났네. 인간이 자연을 통제할 수는 없잖아. 그런데 통제하고 싶었겠지. 어떡하지? 고대 신성 사회의 정신을 동원해 뭔가를 시작했을 거야. 농기구를 들고 땅을 파면서 말로만 "비야 와라―비야 오렴." 하고 중얼거렸을까? 천만에! 더러운 옷을 입고 땅에 "비야 오렴―"하면서 땅 파는 일만 되풀이했을까? 설마! 그러진 않았을 거야. 인간은 뭔가 의미 있는 일을 할 때 부자연스러운 뭔가를 하게끔 설계된 기이한 생명체거든.

예를 들면 이런 거야. 농기구를 일단 내려놨겠지. 평

---

[•] 피라미드나 지구라트Ziggurat 신전은 지금 봐도 정말 황당할 정도로 크고 부자연스러워. '높은 곳'을 뜻하는 지구라트는 주신에게 바쳐진 성탑聖塔으로, 진흙을 뭉쳐서 만든 흙벽돌이나 구워 만든 벽돌로 쌓았어. 인간이 벽돌을 만들다가 끔찍하게 죽었으리라.

소 농사지을 때 입던 옷을 벗었겠지. 이상한 색동옷으로 갈아입고 돌로 이상한 제단 같은 것을 쌓았겠지. 머리에도 뭔가를 쓰고 말이야. 그러고 나서 손에 뭔가를 들고 하늘에 향해 이상한 주문을 중얼중얼하지 않았을까? "웅가웅가 빡뛧큉 레인 드롭스 뿅뿌르뽕뿌 주룩주룩 얄라셩—" 그 옆에서 농사짓던 사람들은 "어우— 뭐야. 부자연스러워, 이상해. 뭐하는 짓이야"라고 말했을 수도 있어. 먹고사는 농사짓는 행위와는 동떨어진 굉장히 부자연스러운 행위였을 테니까. 웃기기도 하고 말이야.

그런데 어쩌다 그 이상한 의식을 치르다 보니 앗! 비가 오네, 비가 왔어. 어머! 백 번 정도 하다 보니 한 번쯤은 비가 왔겠지. 그때부터 인간은 '앗싸, 이걸 해야 비가 오네' 하며 이상한 의식에 당위성을 부여하고 하늘에 비 내리기를 비는 부자연스러운 짓을 또 반복했을 거야. 그로 인해 정말 비가 왔다고 믿으니 이상한 짓을 계속했겠지. 아들, 손자, 친구, 며느리, 이웃 들이 대대로 따라 했을 거야. 할아버지, 증조할아버지, 고조할아버지를 거슬러 어느 즈음에 부자연스러운 그 의식은 아주 자연스러운 일상이 되었겠지. 익숙해져서 자연스러워졌을 거야.

처음에 쌓은 돌무더기는 어느새 더 웅장한 돌제단이 되고 한쪽에 신상도 세워지고, 옷은 더 화려해지고, 기우제 댄스팀과 무용수가 생겼을 수도 있어. 형식이 점점 강해지면서 문화는 창대해지니까.

문화의 반대말이 '자연'이라면, 문화는 곧 '부자연'이야. 인간이 자연을 거슬러 인위적인 부자연스러운 행동 양식을 만들었고, 그것이 반복되어 어느 순간 자연스럽게 여겨지는 놀라운 비밀! 그러고 보니 Culture와 Cultivate는 어원이 같잖아.

해외여행이나 EBS1 〈세계테마기행〉을 통해 현지의 먹고사는 모든 양식을 보면서 '어떻게 저렇게 살지?' 하고 뜨악할 때가 있잖아. 그런데 오히려 그들이 우리를 보고 이상하다고 여기는 이유가 다 그런 데 있는 것 같아. 자연과 부자연의 빈틈이 느껴지지 않니?

우리는 문화로 인식되는 양식화된 것들의 첫 시작점에 대해 잘 몰라. 너무 오래전이어서 그럴까? 분명한 이유가 있겠지만 문화 양식이 어떻게 만들어졌는지 세세히 탐구하진 않는 것 같아. 부자연스러운 시작을 상상해

보면 갸우뚱하겠지만 그것에 관해 제대로 이야기해주는
사람이 없어.

　나는 문화의 속성이 '겉'과 '속'으로 나뉘어 있다고
생각해. 눈에 보이는 '겉'이 '형식화된 스타일Style'로 드러
난다면, 눈에 안 보이는 '속'은 '내용Contents'으로 감춰져
있어. 형식의 껍데기를 벗기기 전까지 내용은 우리에게

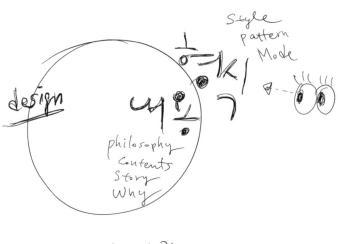

말을 건네지 못해. 철학Philosophy, 스토리Story, 이유why 들이 형식의 껍데기 안에 들어 있지만, 눈에 안 보여서 그런지 사람들은 그 내용에 관심이 크지 않아.

가령 손을 흔들거나 악수하고 고개 숙이는 행위 안에 어떤 의미가 담겨 있는지를 평소에 생각하지는 않잖아. 밥을 먹을 때 젓가락을 쓰고, 장례식장에서는 검은 옷을 입고, 버스를 탈 때 줄을 서게 된 이유를 찾아보진 않잖아. 보고서를 쓸 때 표지에는 큰 글자를 넣고 마지막 페이지에는 'The End of Document' 혹은 줄여서 'E.O.D'라고 쓰고, 이메일을 쓸 때 무심코 '다름이 아니오라'라는 7음절을 사용하지만('저기요…'라고 말하며 뜸 들이는 태도로 본론을 꺼내면서), 왜 이런 형식에 익숙해졌는지 유심히 따져보지는 않잖아.

형식은 곧 메시지야. 우리는 양식화된 행위를 되풀이하면서 그 힘에 압도당하지. 자연스럽게 인식된 형식과 양식들은 그 자체로 우리를 편안하게 해주는 동시에 알고 있는 세상이 안정된 세상이라고 느끼게 해줘. 압도된다는 느낌을 못 느낄 정도로, 우리는 스타일을 반복해

패턴화된 그 무엇에 길들여 있지. 부자연을 자연스럽게 받아들이며 사는 것이 문화라고 한다면, 이제는 일간지 한쪽의 문화 섹션이 응큼하게 보이려나?

스타일은 반복되어 패턴이 돼. 패턴을 다른 말로 바꾸면 모드Mode야. 예측이 가능한 어떤 양식의 세계 안에 갇히게 되는 건데, 상당히 위력적이야. 편안해진다는 거지. 클래식 모드가 좋니? 모던한 모드가 좋니? 아방가르드 모드를 뽐내고 싶니?

시간이 지나면서 문화의 속은 점점 퇴색해. 고유의 생각과 이유가 잊히지. 반면, 문화의 겉은 굳건한 스타일로 명맥을 유지해. 인간은 겉에 매료되고 영향을 받고 따라 하는 존재거든. 그런데 가끔 껍데기를 깨고 본질을 찾아내는 사람들이 형식에 도전을 내밀며 우리를 놀라게 하지. 이날치의 노래 〈범 내려온다〉는 굳건하게 자리 잡은 기존의 음악 형식과 춤 형식을 바꿨는데 꽤 흥미로워. 본질적인 뜻과 메시지는 변함이 없는데, 형식이 바뀌니 생각이 열리고 그 안으로 빠져드는 것이 아닐까? 사람들이 많이 따라 하고 형식을 반복하다 보면 하나의 장르나 모드가 또 생길 거야. 문화는 겉과 속이 '엉켰다 풀어졌다' '형식의 옷을 벗었다, 입었다' 하면서 서서히 스며들고 익숙해지고 복제되고 발전하거든.

사람도 문화적 존재라서 겉과 속이 늘 문제지. 바르고 좋은 성품을 가졌건만 후줄근한 옷을 입었단 이유로 처량한 신세가 되기도 하고, 개차반이건만 매끄러운 말솜씨와 명품 옷으로 뭇 영혼을 홀라당 등쳐 먹는 사기꾼이 되기도 하잖아. 겉과 속이 일치하지 않으면 뭔가 불편해 보이지. 그것이 문화의 특성이 아닐까?

너는 자연스러운 사람이 되고 싶니? 부자연스러운 사람이 되고 싶니? 문화의 정의를 내린 기념으로 이렇게 대답해보자.

"처음에는 익숙하지 않아서 부자연스럽겠지만 좋은 뜻에 맞는 새 형식을 발견하고 반복해서 자연스럽게 느끼도록 노력하여, 누군가에게 '이것 참 자연스럽네'라는 칭찬을 받는 자연스러운 사람이 되어볼래요."

같은 일을 반복하는 건

숭고하지만

같은 방식을 되풀이하는 건

헛수고일 뿐이야.

# 웃음의
# 표식

**의도, 생각, 감정, 그중 제일은 뭐더라?**

어느 날, 다른 회사의 직급 높은 분이 나에게 연락을 했어. 휴대전화 밖으로 '기분이 똥색이에요'라는 느낌이 물씬 풍겨 나오더군.

"무슨 일 있으신가요?"

"아니요, 뭐 특별한 건 아니고요, 거기 직원 중에 K 있지요? 제가 그분에게 이메일을 받았는데요. 공손하지도 않고 뭔가 띠껍다(아니꼽다)는 톤이 썩 좋지 않은데 살펴봐주세요. 사회생활을 시작한 지 얼마 지나지 않아서 그럴 수도 있으니까요."

'화났구나. 이런.'

후루룩 K에게 달려갔지.

"K, J에게 어떻게 이메일을 보냈어요? 불만 같은 거 써서 보낸 건가?"

"아니요, 그냥 뭐 고쳐야 하는 내용이 있다고 했는데."

"혹시, 그 이메일을 볼 수 있을까요?"

이메일을 쭉 읽어봤더니 이유를 알았어.

"K— 평소처럼 상냥하게 말하지 그랬어요."

"네? 저는 그냥 이메일 쓴 게 다인데… 상냥하게 말했는데…"

"한번 상대가 되어서 K가 쓴 이메일을 천천히 읽어 볼래요?"

"…"

"되게 화난 사람처럼 보이지 않아요?"

"아…"

"평소 K는 메신저에서 이모티콘 재밌는 거 많이 날리잖우. 평소처럼 자연스럽게 이메일을 써도 돼요."

"그래도 외부 사람인데…"

"다 똑같은 사람인데요. 뭐 어때."


이메일이나 휴대전화 문자를 받으면 그 사람의 목소리와 표정이 들리잖아. 종종 '이 사람 화났나?' '나 싫어하나?' 할 때가 있어. 나는 아무런 느낌이 전해지지 않는 텍스트를 보면 걱정이 돼. 무슨 일이 있는지 궁금해서 목소리를 들으려고 전화를 하지. 그런데 '어쭈, 목소리가 아주 밝고 생기가 돋네? 그렇구나. 아무 문제가 없는데 텍스트가 이 사람을 화난 사람처럼 보이게 했구나'라고 느낄 때가 있어. 건조하고 메마른 글자들은 사람을 강퍅하게 보이게 하니, 나는 전화를 끊을 때 "다음부터 글을 쓸 때는요. 눈웃음 하나만 꼭 찍어줘요. 그대는 원래 상냥하니까요"라고 살짝 귀띔을 해주곤 해.

낯선 사람이 보낸 이메일은 여러 상상을 불러일으키지. 이메일을 보낸 사람이 아는 사람이면 전화를 냉큼 해서 궁금한 걸 물어보겠지만 데면데면한 사이라면 그게 좀 힘들잖아. '어떤 표정으로 이 글을 썼을까?' '어떤 의자에 앉아 어떤 키보드로 자판을 쳤을까?' '커피는 옆에 놓여 있었을까?' '목소리는 어떤 톤일까?' '말할 때 코를 찡긋거릴까?' '입꼬리만 웃는 사람인가?' '발송 버튼을 누르기 전에 숨을 쉬고 눌렀을까?' '인사말을 쓸 때 매번 똑같은 말을 복사해서 쓸까?' '하루에 얼마나 많은 이메일을 쓰면서 돈을 벌까?' '이메일은 어떻게 정리해놓을까?' '나 같은 사람이 보낸 이메일은 해골 이모티콘 폴더에 저장해놓을까?' '전화로 이야기를 나누면 재밌는 사람일까?' 별의별 궁금증이 일어도 참아야지.

카톡 메시지를 주고받는 사이가 아니라면 이메일이나 SMS 문자로 소통하잖아. 그건 가장 일반적이면서 차가운 통로 같아. 대출 소개, 보험 안내, 카드 사용 내역,

택배 배송 시간, 은행 이자 금액을 알려주는 문자가 쌓인 무채색 플랫폼에서 주고받는 대화는 정말 칙칙하지. 내 중학생 딸의 휴대전화 폰트는 어찌나 귀엽고 올망졸망한지 대출 광고 문자조차도 앙증맞게 느껴져. 반면, 내 휴대전화 폰트는 차갑고 무뚝뚝한 고딕 계열이라서 굳건하고 차갑게 보여. 나처럼 휴대전화 폰트를 기본 폰트로 세팅해놓으면 더욱 냉담하게 느껴지지.

문자로만 연락을 주고받는 사무적인 사람들은 내 인생에서 어떤 존재일까? 연락처를 저장해두지 않아서 전화번호 숫자로만 존재하는 이들, 모든 대화에 감정 없는 문자를 보내온 이들, 이런 사람들에게 답장을 쓸 때 살짝 고민해. "안녕하세요? 방금 이메일 보냈습니다. 확인 부탁드립니다. 떵뚱췟 배상" 같은 문자를 보내는 사람들은 과연 어떤 표정을 하고 있는지 궁금하단 말이야. 눈웃음 하나를 쳐주기 힘든가? 이모티콘 하나를 넣어주면 인생이 뒤처질까? 나만 불편한가? 격식을 차린다는 건 감정을 억제하는 건가? 다들 바쁘니 그렇겠지. 이해는 해.

그나마 카톡 대화창은 이모티콘이 즐비해서 사람다운 감정을 나눌 수 있지. 하지만 카톡으로 대화하기는 그러한, 차가운 사회관계를 맺고 있는 사람들과는 감정을 나누기 쉽지 않잖아. 그래서 나는 그런 사람들과 어떻게 조금 더 사람다운 모습으로 대화할 수 있을까를 고민하곤 해.

내가 사용하는 세 가지 방법을 알려줄게.

**방법 1.**

'○○ 님, 안녕하세요'라고 쓸 때 이왕 한번 그 사람을 상상해보는 거야. 대부분 억지로라도 친절하니 '친절하신 ○○ 님, 안녕하세요^^'라고 써보는 거야. '보고 싶은'이나 '사랑스러운' 같은 표현을 쓰는 건 미드나 영화에서나 어울릴 법하니 자제하는 게 좋아. '밝은' '기분 좋은' '부지런한' '상냥한' 같은 다양한 표현에 익숙해지길 바라. 그 사람을 수식하는 언어를 생각하는 시간이 마음을 여는 열쇠를 찾는 시간이라고 생각해봐. 귀찮을지 모르지만 말이야. 그 사람의 수식어를 쓰고 나면 이전과 말투가 달라질 거야.

**방법 2.**

^^ :) ^O^, 웃는 표식과 가까워지면 재밌어. ♪, ♬, ♫, 음표를 써보는 거야. 작은 시각적 기호는 나의 글에 BGM을 까는 역할을

하지. 상대는 자신을 찬양하는 소리로 들을지도 몰라. 가볍고 낯

간지럽고 격이 떨어지는 것 같다고? 훗. 해보지도 않았으면서!

소시오패스조차도 좋아할걸.


**방법 3.**

이건 비밀인데, 내가 개발한 거야. 선물이나 귀한 연락을 받았을

때 고마움을 100퍼센트 표현할 수 있는 비법이야. 카톡으로는

엄청 방방 뛰는 이모티콘을 보낼 수 있지만 SMS 문자나 이메일

로는 고마움을 온전히 표현하기 어렵잖아. '고맙습니다^^' '감사

합니다!!' 그 정도가 마음을 전달하는 최대치가 될 수 있지. 그 정

도로 표현할 수밖에 없다는 게 좀 슬프지 않아? 입장을 바꿔 생

각해봐. 내가 호의를 베풀거나 서류나 선물을 보냈는데 고작 '고

맙습니다' '잘 받았습니다'라는 문자를 받으면 속이 시원하겠어?

그래서 나는 '고맙습니다. PPT'를 한 장 만들어서 PC에 저장해

두었어. 특별히 고마움을 표현해야 할 때 '고맙습니다. ○○ 님'

이라고 쓰여 있는, 화면이 꽉 차는 템플릿을 켜놓아. ○○에 상

대의 이름을 넣고 모니터 앞에 내가 받은 서류나 선물을 올려놓

고 휴대전화로 사진을 찍어서 보내. 내 얼굴은 굳이 보고 싶지

않을 테니 PPT를 띄운 모니터만 찰칵 찍으면 끝! 별것 아닌 형

식적인 메시지이지만 SMS 문자나 이메일에서 절대로 기대할 수 없는 놀라운 질감의 '땡큐 이모션'이 전달될 거야. 손 편지를 써서 사진을 찍어 보내는 것보다 덜 부담스럽고, 문자를 '틱틱' 쳐서 보내는 것보다 정성과 시간이 들어가 있어 상대의 마음을 열기에 적당한 무게인 거지.

뭘 이렇게까지 하며 사냐고? 그럼 뭘 하면서 살 건데? 웃음 대접을 받으면 행복하잖아. 상대를 웃게 해주는 게 뭐가 그리 귀찮아? 돈도 안 드는 일이고 재밌잖아.

# 행복의
# 표식

**행복하세요?**

처음 만나는 사람에게 인사를 하잖아. 그때 뭐라고 인사해? "안녕하세요?" "반갑습니다?" "나이스 투 밋 유?" "식사는 하고 댕기십니까?" 잘 지내는지 묻는 건 우두커니 하는 힘없는 말 같고, 어떻게 지내는지 묻는 건 잘 지낸다는 뻔한 답만 불러올 뿐이니 별로 하고 싶지 않아. 내가 누군가를 만나면 으레 하는 힘찬 인사가 있어.

"행복하세요?"

꽤 센 인사말인데 상대의 표정을 읽는 맛이 있지. "네, 행복해요"라고 쉽게 대답할 것 같지만 절대 그렇지 않아. 아무도 쉽게 행복하다고 말하지 않거든. 많은 사람은 이 인사말을 들으면 눈동자가 흔들리거나 배시시 웃거나 큰 우주를 0.001초 동안 한 바퀴 돌고 온 것 같은 표정을 지으며 "음⋯"이라고 해.

어느 날, 중년의 교수님 두 분이 내 강의를 들으러 왔기에 반가워서 인사를 건넸어.

"행복하세요?"

"음⋯ 그게 뭔질 모르겠네요⋯ 너무 오래전이라."

오른쪽에 앉은 분이 씁쓸한 어조로 말해서 크게 웃

었던 적이 있어. 왼쪽에 앉은 분도 자기도 그렇다며 끄덕끄덕 목례를 했지.

"네에에… 행복… 한 것 같…"

이 대답은 어때? 30대 초반으로 보이는 친구의 연약한 답인사였지. 힘을 잔뜩 준 머리칼과 목을 질끈 감싼 넥타이를 맨 그 친구의 끝말은 자기 자신을 향했어. 돌이켜보니 정신없이 사느라 뭐가 뭔지 모르겠지만 주체성을 잃지 않으려고 노력한다고 말하며, 불굴의 의지를 지닌 지성인의 모습을 나에게 보여주었지. 잠시 우리는 그렇게 교감했어.

"행복한 것 맞아요. 행복하신 거예요. 다행이네요."

내가 확신을 불어넣어주니 그제야 그 친구의 눈빛이 평안해졌지. 아무도 자신의 행복을 인정해주거나 물어주거나 확인해주지 않았던 것 같아. 쯧. 그 친구는 내 말을 듣고 어떤 기분이 들었을까? 집으로 돌아가는 길에 "행복하세요?"라는 질문에 답하기를 주저한 자신의 모습을 떠올리면서 말이야. 행복하지 않은데 괜히 행복하다고 거짓말한 것을 부끄러워할까? '그래 맞아, 나는 참으로 행복한 사내야'라고 생각하며 스스로를 격려할까?

내 질문에 뜸 들이지 않고 "행복하지요, 그럼요!"라는 '통' 튀어나오는 경쾌한 답인사를 들으면 정말 행복해. 인사를 받은 그 사람도 나와 같은 기분일 거야. 행복이란 단어가 그리 어색하지 않은 사람, 일상에서 자주 쓰는 언어처럼 친숙한 사람, 먼 우주를 0.001초 동안 빙 돌고 오지 않아도 바로 지금 이 순간 숨 쉬는 것만으로도 행복하다는 것을 아는 사람, 특별한 일이 생기지 않아도 얼마든지 행복하다고 나 자신을 북돋는 사람, 상대를 격 없이 편안하게 맞이할 줄 아는 넉넉한 사람, 그런 사람을 만나면 나는 행복해.

누군가 행복하다고 말하면 나도 행복해져. 그래서 나는 "행복하세요?"라는 인사를 건넨 후 "나도 그래요. 정말 행복해요. 당신을 만나서 그런 것 같아요"라고 답인사를 해. 낯간지럽고 위선적이며 진실하지 않은 어색한 말이라고? 그럼 이렇게 이야기하면 좀 괜찮을까?

"넌 행복하냐? 좋겠다. 잘 먹고 잘 살아라. 난 하염없이 불행할 테니. 큭."

# 어렵게
# 이야기할래

**그렇게 불러왔거든**

어느 기업 연수원에 방문한 적이 있어. '잔디가 잘 깎여 있고 건물도 그윽하니, 정갈한 조직 생태계를 관리하느라 회사가 참 고생이 많구나'라는 생각이 드는 곳이었지. 경사가 진 잔디밭에 안내문이 적힌 나무판이 꽂혀 있었어. 디자이너인 나는 온갖 사인물에 관심이 있어서 그런 자질구레한 것들을 유심히 보곤 하지. 사인물 왼편에 기업의 캐릭터 같기도 하고 담당자가 자기 아들의 티셔츠 그림을 인부한테 그려달라고 해서 만든 것 같기도 한 동물이 그려져 있고, 오른편에 견고딕체로 '입수보행금지'란 말이 쓰여 있었어. '수영장에 들어가지 말란 말이구나. 아니, 물에 들어가 걸어 다니지 말란 얘기인가? 여기 수영장 없는데… 잠깐, 군대에서 스펀지를 수입포라고 부르던데… 물을 빨아들이는 보행인가? 후후. 다들 이런 말들을 매번 보면서 아무렇지 않게 살고 있구나.' 사인물의 목적을 정확히 알기 힘들더라고.

말로만 써놓으면 허전해서인지 그림까지 그려 구색을 갖춘 이러한 사인물을 보고 있으면, 화이트 수정액을 '냉큼' 끼얹은 후에 '후딱' 매직펜으로 글자를 다시 쓰고 싶은 마음이 용솟음치지. '주머니에서 손 빼고 다니세요.

넘어지면 큰일 나요'라고 바꿔주고 싶어. 좀 더 쉽게 써주면 기분이 좋을 것 같아. 누구든지 알 수 있고 느낄 수 있는 표현으로 말이야. 게다가 옆에 그려져 있는 이상한 동물 그림도 빼버리고 싶다고. 분명 글 쓴 사람도 입수보행금지라는 말이 어려우니 잘 전달하고 싶어서, 굳이 동물에 옷까지 입혀서 주머니에 손 넣은 모양을 그려달라고 온갖 궁상을 떨며 수정 작업을 지시했을 거야. 쯧쯧. 어디 이런 일들이 한둘일까. 주위를 둘러보면 수두룩하지.

우리 회사 회의실에는 값비싼 사무용 책상이 좌르르 놓여 있어. 그 책상에는 우수 디자인 마크 스티커가 붙어 있거든. 인정받은 프리미엄 창의 혁신 제품이란 의미겠지. 그 스티커 옆에 은색 스티커가 붙어 있는데 빨간 글씨로 이렇게 쓰여 있어.

"테이블을 겹쳐서 이동할 경우 전도의 위험이 있습니다 The table would be fall if the table is moved while nested."

'책상 중첩이동 전도위험 가능'이라고 적혀 있지 않은 게 얼마나 다행인지 몰라. 나는 '전도'라는 말을 여러

번 곱씹어보았어. 어릴 때부터 교회에서 전도를 많이 해야 한다는 말을 들어왔던 터라, 전도는 위험한 것이 아니라 매우 권장할 만한 일이라서 그래. 영어로 한 번 더 적어줄 정도의 여유와 지식이 있었다면 이렇게 써주는 게 더 낫지 않았을까?

'테이블을 겹쳐서 이동하면 뒤집혀서 위험해요. 조심히 하나씩.'

이렇게 쓰면 유치하다고 상사한테 혼날까? 제품의 격이 떨어져 보이려나? 한문을 섞어 쓰면 주자학의 대가 송시열 선생님처럼 그윽하게 보이려나? 글쎄… 아무래도 이런 말들은 습관에서 나온 것이 아닐까? 평소 쓰는 구어체는 격이 떨어지는 것 같고, 쉬운 용어는 고급스럽지 않다고 생각하여 품위 있어 보이는 말을 찾는 습관 말이야. 성리학자의 바이블인《주자대전》을 매일 팀원들과 읽으며 일했을 수도 있겠지.

쉬운 말을 굳이 어렵게 쓴 예들이 많아.

**전입세대 열람 창구** ▶ 해당 집에 어떤(가구) 사람들이 주소로 등록했는지 보고 싶은 분들은 여기로 오세요

**매도와 매수 시기 불확실 ▶** 언제 팔고 언제 살지 몰라요

**만전을 기하겠습니다 ▶** 빈틈없이 일을 처리할 테니 걱정 마세요

**소명 자료 제출 요망 ▶** 잘 몰라서 답답해요. 속 시원히 밝혀줄 내용을 얼른 보내주세요

**근린공원 산책 ▶** 그린이 아니야. 굴린도 아니야. 가까운 공원을 거닐어볼까?

**차량 운전자 시야 내 주행**—라이더 안전운전 가이드 중 **▶** 운전자가 볼 수 있게 다니자

**잔여 세대 등재 ▶** 남아 있는 가구, 아니, 가구는 침대지. 한 집에 사는 식구들을 적어주세요

**시건장치 확인 ▶** 문 잠그는 장치를 꼭 살피세요

**시방서 취합 후 부착 ▶** 시방 내가 말했잖여— 공사할 때 순서를 적은 문서, 그 설명서를 모아서 잘 붙여달라고

**용이한 공여 ▶** 쉽게 줄게, 준다니까

**미래 사회가 요구하는 창의 융합형 인재 혁신과 교육 ▶** 레오나르도 다빈치처럼 키우고 싶은데 어떡하지? 어떡해… 아, 몰라, 몰라

무심코 지나친 문장들에 노크를 해봐. 갑갑한 관습의 탈들이 벗겨지면서 눈도 생각도 시원해질걸?

2장

겉과 속의 중간계를

넘나든다

# 창의성을
# 글로 배워 볼까요?

**좋아요, 뭐 맨날 그렇게 공부했는데요**

여기 25년간 창의성만을 연구한 '카피 왕창조' 님을 모시고 창의성에 대해 배워볼까?

**왕** 안녕하십니까. 여러분은 다 들어봤을 거예요. "지금 세계는 지식 기반 경제에서 창의성 기반 경제로 나아가고 있다." 경영사상가 게리 해머의 말이지요. "미래는 저절로 찾아오지 않고 우리 스스로 창조해야 한다. 이제 곧 생명의 시대, 창조의 시대가 올 것이다. 이를 위해 고정관념을 깨고 창의력을 기르기 위해 부단히 노력해야 한다." 고故 이어령 선생님의 말이지요. 다 아는 말이지요?

**너** 그럼요, 매일 세 번씩 암송하고 있어요.

**왕** "창의성은 모든 인간에 잠재해 있고 정신적 건강도에 따라 그 창출의 정도가 결정된다"라는 심리학자 에이브러햄 매슬로의 말도 알고 있겠군요.

**너** 마시멜로 좋아해요.

**왕** 정신이 아주 건강하군요. 모든 사람에게는 모차르트나 에디슨이 될 수 있는 씨앗이 있으며, "인간의 창의성은 인간이 가진 가장 강력하고도 평범한 도구"라는 로버트 W. 올슨의 말에 대해서는 어떻게 생각하나요?

**너** 저는 로봇도 좋아하고요. 얼마 전, 화분에 씨앗을 심었는데 뭔가 나올 것 같아요. 유기농을 먹으면 건강해지잖아요.

**왕** 평범한 도구를 이미 사용하고 있군요. 백과사전에 창의성이 뭐라고 나와 있는지 아나요?

**너** 잠깐만요, 구글 검색 좀 해볼게요.

**왕** "창의성創意性, 창발성, Creativity은 새로운 생각이나 개념을 찾아내거나 기존에 있던 생각이나 개념을 새롭게 조합해내는 것과 연관된 정신적이고 사회적인 과정이다. 창조성創造性이라고도 하며, 이에 관한 능력을 창의력創意力, 창조력創造力이라고 한다. 창조력은 의식적이거나 무의식적 통찰에 힘입어 발휘된다. 창조성에 대한 다른 개념은 '새로운 무엇을 만드는 것'이다"라고 나와 있을 텐데요. 구글은 너무 말이 많아요. 창의력이란 '무엇인가 새로운 것을 실제로 존재하도록 만드는 능력'이다. 이런 정의는 어떤가요?

**너** 존재하도록 만든다고요?

**왕** 네, 맞습니다. 국어사전에는 창의성이란 "새로운 것을 생각해내는 능력"이라고만 나와 있는데, 실제로 존재하도록 만드는 것까지 창의력이라 말하고 싶어요.

**너**  창의적인 생각, 엉뚱하고 기발한 생각, 남과 다른 생각을 많이 한다고 창의력이 있는 게 아니라는 건가요?

**왕**  창의성性이 있다고 할 수는 있겠지요. 하지만 창의력力은 생각을 실천하는 것까지를 뜻합니다. 생각만으로 무언가를 움직일 수 없기 때문이지요.

**너**  음… 제 주위에 뜬구름 잡는 이야기를 자주 하는 친구가 있는데요. 그 친구는 창의성이 높은 걸까요? 헛소리만 하는 실없는 사람일까요?

**왕**  혹시 뜬구름을 직접 잡아보거나 뜬구름 잡기를 어떻게든 구현해본 적이 있나요?

**너**  그 친구는 그냥 말만 해요. 생각만 많은 것 같아요. 아, 맞다. 다른 한 친구는 말수는 적은데 지난번에 구름을 잡았

다고 사진을 보내줬어요. 어떤 사진이냐고요? 사진작가 로랑 미제의 사진인데요. 제가 그 사진을 그림으로 그려 보았어요.

**왕** 재밌군요. 원근법을 이용하여 구름을 잡은 것처럼 찍은 사진을 본 적은 많은데, 이 사진은 너 그릴듯합니다. 인형을 포장한 투명 플라스틱 통 하나만 있으면 되는 거였군요.

**너** '존재하도록 만든다'라는 것이 이런 뜻인 것 같아요. 말보다는 구체적이니까요. 그렇지요?

**왕** 교육철학자 존 듀이의 말을 인용해보겠습니다. 창의성은 몰입을 통해 새로운 "경험을 끊임없이 재구성해가는 과정"이라고요. 아마도 그 친구는 쓸데없는 쓰레기통을 뒤지다가 문득 플라스틱 통을 발견했고, 뜬구름에 몰입했다고 볼 수 있습니다.

**너** 에이, 인스타그램에서 본 것을 따라 한 것일 수도 있잖아요.

**왕** 그 친구를 몹시 무시하시는군요. 아주 좋습니다. 모든 것은 작은 모방에서 시작되어 하나씩 발전해나갑니다. 무시당할 수 있는 것부터 시작인데, 그 친구가 무시당하는 것을 딛고 성장해나갔으면 좋겠습니다.

**너** 직접 구름을 만들어내는 사람도 있어요.

**왕** 엥?

**너** 베른나우트 스밀데라는 네덜란드의 설치미술가가 있는데요. 이분은 직접 실내 공간에 구름을 만들어요. 마치 과학자 같아요. 뜬구름을 잡지 않고 뜬구름을 실제로 직접 눈앞에 만들어내는 현실적인 연금술사지요.

**왕** 놀랍군요. 이런 뜬구름 잡는 사례는 책에 없는 내용인데, 이 젊은 작가를 만나고 싶군요.

**너** 유튜브를 보면 이런 거 많아요. 이상한 짓을 많이 하면서 '좋아요' '구독자'를 늘려가는 유튜버가 꽤 있어요. 일상에 없는 뭔가를 보여주면 사람들은 좋아하고 열광하잖아요.

**왕** 이런 창의적인 사람이 필요합니다. 국내 100대 기업이 선호하는 역량 중 하나가 창의력입니다. 새로운 가치를 창출하여 다양하고 빠르게 변화하는 고객 요구를 충족시켜야 기업 경쟁력을 높일 수 있기 때문입니다.

**너** 돈 버는 데 창의성이 필요한 거군요. 제가 알기로는 창의성과 돈 버는 것은 아무런 연관이 없다고 그러던데…

**왕** 그렇지 않습니다. 창의성은 연산적Algorithmic의 반대인 탐색적Heuristic인 특징을 갖고 있지요. 그래서 창의적인 사람들은 이전에 수행되지 않은 일을 비정형적인 방식으로 하며, 고정된 규칙에 따라 움직이는 기계적이고 정형적인 방식으로 일하는 사람보다 놀라운 결과물을 만들어냅니다. 스티브 잡스 양반이 그런 특성을 발휘하여 대박을 터뜨렸지요.

**너** 그런 특성을 발휘하여 실패하고 망한 사람도 수두룩해요. 기존 방식을 잘 답습해서 수행하는 게 안정적으로 돈 벌기는 더 쉬울걸요. 게다가 수많은 기업이 창의성이 중요하다고 하면서 실제로는 기존 방식으로 일하잖아요. 창의적인 사람은 얼마나 통제하기 힘든데요. 뜬구름 잡으러 쓰레기통이나 뒤지고 그러잖아요.

**왕** 제 이론에 부정적이군요. "정신적 건강도에 따라 창의성 창출의 정도가 결정된다"라는 매슬로의 이야기를 잘 떠올리세요. 정신이 건강해야 창의성이 발현됩니다.

**너** 너무 확대해석하는 것 같은데요. 저 나름 건강해요. 저랑 달리기 해보실래요?

**왕** 확대에 관한 이야기를 하니 창의성의 또 다른 특성이 떠오르는군요. 창의성은 사용할수록 더 커지는 확대재생산Expansive Reproduction하는 특성이 있습니다. 창의성을 사용할수록 창조적 과정을 원활하게 하는 데 필요한 지식과 경험이 축적되는 것이지요. 누군가가 주는 것이 아니라 스스로 그 능력을 사용하기 위해 자가 발전하고 생산한다는 의미입니다.

**너** 아하, 그러고 보니 우리 할아버지, 할머니도 진짜 창조적이셨어요. 두 분이 온 생명을 생산, 재생산, 확대해서 저희 일가친척이 50명이 넘었거든요. 누군가가 도와준 것도 아니고 두 분이서…

**왕** 맞습니다. 무無에서 유有를 만들어내는 창의성이 있고, 유有에서 유有를 만드는 창의성이 있는데 인간은 후자만 할 수 있습니다. 할아버지 할머니도 결국, 본인들의 유한한 존재를 통해 확대재생산을 했습니다.

**너** 이 세상에 똑같은 것이라곤 하나도 없는 게 정말 신기하지요? 눈 내릴 때 눈 모양만 보더라도 같은 모양이 하나도 없고, 이 땅의 수많은 생물이 같은 종이라도 다 다르잖아요. 인간은 같은 것을 만들어 많이 팔 생각밖에 안 하는데, 자연의 피조물Creature은 같은 것이 하나도 없어요. 각기 개성이 뚜렷한 이런 피조물은 누가 처음 다 만든 걸까요?

**왕** 우리 인간 안에 창의적인 능력이 내재한 이유가 궁금한 거군요? 결국, 복제되고 재생산되어 우리 안에 스미어 내려오는 것일 테니.

**너** '창조주'란 말이 왜 있는지 이제야 알겠어요.

**왕** 창의적이세요. 당신은 참.

존재하도록 만들어.

생각만으로

무언가를 움직일 수 없잖아.

# 새로운 것과
# 새로워 보이는 것의 차이

**속고 있네, 속고 있어**

사회에서 일한 지 시간이 꽤 흘렀어. 근사하게 보이는 뭔가를 만들어주고 돈 받는 노동을 해왔지. 클라이언트는 디자이너에게 늘 원하는 것이 있어. 금요일 퇴근 시간 무렵 "월요일 오전에 볼 수 있을까요"라는 말을 던지면 차주 월요일 아침에 '뽕' 하고 결과물이 나오는 기적을 기대하지. 만듦새가 다채로운 A, B, C 시안을 '짠' 하고 보여줘도 그중에 하나를 고르는 일은 드물어. "다른 것은 없나요?" "혹시 B와 C를 섞어줄 순 없나요?" "이게 다인가요?" 같은 고급진 욕망을 드러내지. 클라이언트 VVIP들은 욕심이 많거든. 지금은 금요일 오후에 요청하는 무례한 문화가 많이 사라져서 다행이긴 한데, 욕망의 본성을 드러내는 건 한결같아. A, B, C 이외에 D, E, F, G, H, I, J, K, L, M, N, X, Y, Z까지 더 새로운 것은 무엇이 있을까? 더 보고 갖고 싶은 마음은 나도 있다고.

디자이너는 '창조하는 직업인' '창의적인 전문가'라고 불리곤 해. 후훗. 충분히 그럴 수 있어. 표현을 잘하고 결과물을 만들어서 보여주기 때문인 것 같아. 게다가 약간의 시각적 트릭Trick과 완성도를 높이기만 하면 클라이언트는 대개 만족해하지. '새로워' 보인다고 멋지다고 말해.

지루해 보이거나 진부해 보이는 것으로 만들어달라고 요청하는 클라이언트는 단 한 명도 없어. 모두가 똑같아. 새로운 걸 보여달라고 새롭게 보였으면 좋겠다고 말하지. "남들보다 훨씬 새롭고 세련되게 해주세요!"라고 부탁해. 모든 인간은 새로운 것을 열망하거든.

때때로 예술가 기질이 넘치거나 작가적인 디자이너가 되고 싶은 친구들이 낯설고 이상한 뭔가를 만들기도 해. 그러면 돈 벌기가 쉽지 않지. 돈 주는 클라이언트는 말로는 새로운 것을 원한다지만 막상 자신이 봐온 세상 밖의 것을 보면 당황해하거나 황당해하기도 해. 안목과 기대치의 차이가 발생하는 순간이지.

소위 안목이 높은 사람들은 보고 듣고 경험한 것들이 다양하고 풍성해. 그래서 웬만한 것들을 보고 놀라지 않아. 세상에는 아주 독특하고 희귀한 것에서 클리셰로 가득한 것까지 펼쳐져 있는데, 전문가들은 흔히 못 보는 것들을 많이 보거나 깊이 연구한 후 대중적인 것과 연결해서 새로운 흐름을 주도하지.

백화점에 가면 'NEW'라는 표 딱지가 붙은 상품이 고객을 반기잖아. 그건 새로운 트렌드를 반영한 게 아니라 트렌드의 끄트머리에 있는 자본주의의 산물이야. 대중에게 신선한 건 전문가들의 세상에선 이미 한물간 것이지.

지금 나는 가르치는 일과 먹고사는 일을 겸하고 있어. 창의적인 직업을 꿈꾸며 디자인을 배우는 학생들에게는 기존의 흔한 것들을 버리게끔 가르치고, 그들의 낯설고 진귀한 시도에 칭찬과 점수를 주지. 반면, 산업현장에서 일하는 후배 디자이너들에게는 제발 낯선 것을 하지 말라고 부탁해. 이중적이라고? 창작의 목적이 다르기 때문이야.

학교에서는 안목의 확장과 기술의 습득을 위해 기존의 시각 생산물을 의심하고 부정하는 훈련을 시키지만, 일터에서는 절대로 새로운 것New을 만들면 안 된다고 가르쳐. 아이러니하다고? 새로워 보이는 것New Like을 만들어야 굶어 죽지 않고 생존하는 프로가 되어 버틸 수 있거든.

사람들은 익숙한 것을 보면 마음이 편해지면서 자신이 이해할 수 있는 세상에 들어와 있다고 믿어. 하지만 그들이 조금씩 지루해하는 기미가 보이면 기존 것과 다른 것이 느껴지도록 장치를 만들어야 해. 스타일이 그런 역할을 하곤 하지. 엉뚱하게 배치하거나 약간 어려운 퍼즐 같은 의뭉스러운 기호나 상징을 넣거나, 또는 이해하지 못할 텍스트를 넣어 이해가 안 되는 것들을 만들면 사람들은 그걸 이해하고 싶어 해. 그래서 이해가 안 되는 지점을 만들면서 동시에 이해가 되는 것처럼 만들어 쾌감을 주는 거야. 사람들은 별것 아니라도 뭔가를 알아챘을 때 자신이 똑똑해진다는 느낌을 좋아하거든. 그래서 가령 브랜드 로고를 사용하여 화면을 만들 때는 보는 사람이 예상대로 움직이게끔 친절하고 쉽게 만드는 것이 중요해. 디자이너의 계획하에 따라간 것인데 사람들은 그것을 플레이Play하고 해석했다고 믿는 거지. 유명 브랜드일수록 실험적인 것이 잘 먹히고 신생 브랜드는 감히 그런 걸 따라 하다가 망하지. 대중은 새로운 것을 원한다고 말하지만 정작 완전히 새로운 것을 원하지는 않아. 처음 보는 새로운 것은 불편하고 낯설고 받아들이기 힘들거든.

디자이너도 전문 영역을 반복한 기술자일 뿐이야. 똑같은 방식으로 기존의 것을 되풀이하면서 완성도를 고도화해 새로운 창작가로 대우받을지도 몰라. 우리 인간은 대체로 보고 경험한 세상 안에서 생각하고 판단하고 기대하는, 그리 상상력이 탁월한 존재가 아니니까.

오늘도 누군가가 나한테 뭔가를 팔기 위해 "새로운 것이에요"라고 호객 행위를 하면 나는 이렇게 대답해.

"새로워 보이는 것이겠지요. 근데 얼마예요?"

# 창의성
# 개발 방법

**속성으로 알고 싶다고?**

이쯤 되면 여러분은 새로운 것과 새로워 보이는 것을 구분할 수 있겠지? 그리고 나에게 이런 질문을 하고 싶겠지. '그래서 창의성을 어떻게 키울 수 있나요?' 한평생 글로 창의성을 공부하고 연구해온 또 한 명의 전문가 '최암기' 선생님이 창의성 개발 방법을 빠르게 알려줄 거야.

**너** 좋아요. 저 바빠요.

**암** 반갑습니다. 제가 도와드리지요.

**너** 저는 제 안에 창의성이 내재해 있음을 알아요. 모든 인간이 다 그런 것처럼 말이지요. 그런데 그게 잘 느껴지지 않아요.

**암** 맞습니다. 창의성은 자꾸 써먹고 활용해야 그 능력이 커지고 발전합니다. "창의성은 발휘하면 할수록 더 강해지지롱"이라는 유명한 말도 있잖습니까.

**너** 처음 들어보는 말인데 그럴싸하네요. 어쨌든 핵심만 말해주세요. 어떻게 해야 제 안에 숨겨진 창의성을 개발할 수 있을까요?

**암** 열두 가지 방법, 아홉 가지 방법, 다섯 가지 방법 등 체계적인 코스가 있는데…

**너** 뭐가 다른가요?

**얌** 다 똑같은 말인데 주절주절 말하면 유식해 보일 때가 있습니다. 돈을 받거나 있어 보이려고 할 때 열두 가지 방법을 쓰는 편입니다.

**너** 다섯 가지 방법으로 할게요.

**얌** 좋습니다. 1단계는 호기심을 갖고 질문하는 것입니다. 2단계는 좋아하는 일을 하는 것입니다. 좋아하지도 않는 일을 오래 할 수는 없어요. 오래 해야 전문가가 되거든요. 깊은 훈련과 생각 안에서 나오는 생각은 혁신을 이끕니다. 3단계는 자신과 관련 없는 분야를 경험하는 것이지요. '우물 안 개구리가 되지 말라'라는 의미입니다. 4단계는 멍 때리기를 해보는 것입니다. 창의성은 억지로 막 뭔가를 한다고 커지는 게 아니거든요. '잘 놀거나 잘 쉬어라.' 그런 뜻입니다. 5단계는 아주 철학적인 이야기이자 인간 본성을 거스르는 어려운 일인데요. 실패를 두려워하지 않고 위험을 감수하는 것입니다. 이상입니다. 참 쉽지요?

**너** 끝인가요?

**얌** 아홉 가지 또는 열두 가지 방법은 살이 더 붙어 있지만 다 거기서 거깁니다. 엑기스만 기억하면 당신은 창의적인 사람이 될 수 있습니다.

**너** 다섯 단계를 순서대로 해야 하나요?

**암** 꼭 그렇지는 않습니다. 막 뒤죽박죽 섞어도 됩니다. 어차피 이해하기 쉽게 글로 나누어 써놓았을 뿐, 똑같은 이야기입니다. 말장난이라고 해야 할까요? '호기심을 갖고 몰입해서 실행하라' 같은 짧은 문장으로 요약할 수도 있답니다.

**너** 단순한 게 좋아요. 호기심은 관심, 몰입은 관찰, 실행은 관계, 이를 종합하면 한 단어로 3관! (자기가 방금 새로운 용어를 지어낸 것처럼 우쭐대는 표정을 지으며) 어때요?

**암** (가소롭다고 생각하지만 상대를 존중하는 듯 나긋한 톤으로) 이어령 선생님이 말한 창조의 원동력 세 가지를 잘 따라 외우셨습니다. 정신분석학자 카를 구스타프 융이 말한 창의성에 대한 정의보다 훨씬 맛있는 정의라고 생각합니다.

**너** 저 칼 좋아해융.

**암** "새로운 것을 만드는 능력은 지식이 아니라 인간의 내면적 필요성에 의한 유희적 본능에서 나온다. 창의적 마음은 그 마음이 좋아하는 일과 함께한다." 독일어로 하면 더 멋있을 텐데, 어쨌든 이런 정의도 외우면 복이 올 것입니다.

**너** 글로 배우니 정말 창의성이 커지는 것 같아요. 하나만 더 읊어주세요.

**암** (우쭐대고 싶지만 사회적 위신을 지키기 위해 점잖은 톤을 구사하며) 칙센트미하이가 이런 말을 했지요. 살짝 재구성해서 말하자면요. (헛기침 한번 하고) 창의적인 사람은 각기 다르지만 한 가지는 모두 같다. 자신이 하는 일을 몹시 사랑한다는 점이다. 창의적인 결과는 지식이나 창조적인 사고에서 오지 않는다. 몰입과 열정이 뒤따를 때 놀라운 결과를 얻을 수 있다. 오롯이 몰입하는 순간에 효율적으로 사고하게 되고 창의성이 커지기 때문이다.

**너** 고맙습니다, 암 전문가님. 이제 저는 제 안에 깊이 숨어 있는 창의성을 하나하나 꺼낼 수 있을 것 같아요. 창의성을 어떻게 개발해야 하는지 알았어요!

**암** 도움이 되셨다니 다행입니다.

**너** 이제 사랑하는 마음으로 살아야겠어요.

**암** 사랑합니다. (너에게 몰입한다)

관심도 관찰도 관계도

사랑하는 마음에서 시작되더라.

# 멋진 말들의
# 두 가지 속성

**두 가지나?**

남자 화장실에 가면 소변기 위에 좋은 글귀가 적힌 보드가 붙어 있어. 휴게소나 백화점, 공공장소에 있는 남자 화장실에서 자주 볼 수 있는 광경이야.

희망을 품지 않는 자는 절망도 할 수 없다. —조지 버나드 쇼

인정하라. 너도 옳고, 다른 너도 옳고, 또 다른 너도 옳다. —삼가 재상 황희

이 세상에 영원한 것은 없다. 우리가 겪는 어려움조차도. —찰리 채플린

성공을 뽐내는 것은 위험하다. 그러나 실패를 함구하는 것은 더 위험하다. —프랑수아 케네

손가락으로 남을 비난하면, 그 순간 나머지 세 손가락은 당신을 향한다. —지그 지글러

주어진 삶을 살아라. 삶은 멋진 선물이다. 거기에 사소한 것은 아무것도 없다. —플로렌스 나이팅게일

남자가 흘리지 말아야 할 것은 눈물만이 아니다. —관리인

큰일을 먼저 하라, 작은 일은 저절로 처리될 것이다. —데일 카네기

가끔 이런 글귀를 한참 보면서 '이건 누가 써 붙였

지?'라는 궁금증이 생기다가 몸을 부르르 떨며 나오곤 해. 멋진 글귀에 감동하여 전율이 일은 적은 없었어. 관공서나 회사 같은 데 가면 멋진 문장을 액자나 현수막에 적어 크게 붙여 둔 걸 볼 수 있잖아.

포장하지 말고 본질 가치에 집중하자.

현장에서 답을 찾고 실행한다.

주인의식으로 업무에 임한다.

기탄없이 비판하고 토론한다.

오늘 팔지 못하면 내일은 내가 팔린다.

혁신은 희생과 눈물과 땀의 결실이다.

해보자! 해보자! 해보자! 해야만 한다.

'이런 글귀를 왜 붙였지?'라는 생각이 들어. 윗분이 시켜서? 원래 그랬던 거라서? 있어야만 할 것 같아서? 벽이 허전하고 심심해 보여서?

내가 학교에 다닐 때 교실 안에는 검은 궁서체 급훈이 적힌 액자가 붙어 있었어. 교문 입구에는 '인내, 성실,

사랑'이라는 허여멀건 교훈이 새겨진 돌판이 있었고. 어 딜 가나 엄마의 잔소리 같은 훌륭하고 옳은 말들이 우리 를 가르치고 격려하며 따라다녔지.

어느 단체든 규율과 정신을 묶을 메시지가 필요한 건 알겠어. 그런데 그 메시지를 건물 중앙에 떡 펼쳐놓 는 건, 정말 별로야. 그렇게 하면 우리 마음 깊은 곳에 메 시지가 와닿을까? '엄마는 맨날 잔소리만 해' 같은 느낌 을 주거나, 교장 선생님의 훈화같이 '아우 지루해' 같은 기분만 들게 할 뿐이야.

서울 잠실에 있는 어느 회사(내가 지금 일하는 회사지롱) 의 화분 옆 귀퉁이에 이런 문구가 적혀 있어.


만드는 사람이 수고로우면

쓰는 사람이 편하고

만드는 사람이 편하면

쓰는 사람이 수고롭다.


액자에 넣은 문구도 아니고 잘 보이는 곳에 붙이지도 않았지. 문득 멍 때릴 때 눈길이 어렴풋이 닿는 구석진 벽에 작게 쓰여 있지만, 한번 읽은 사람들은 꽤 오래 기억하더라고. 심지어 한 개발자가 매일 야근을 하기에 내가 쉬엄쉬엄하라고 하니 이렇게 응수하더군.

"제가 편하게 만들면 쓰는 사람이 수고롭대요."

그 말을 하는 눈빛이 진짜 영롱하더라고. 그 눈빛이 나에게 깨달음을 주더군.

이 회사 창문 위 창틀과 천장 사이에 이런 문구가 조그맣게 붙어 있어.

**좋은 것은 위대한 것의 적이다.** —짐 콜린스

어느 날, 퇴근 시간이 지났는데 그 창문 옆에서 일하는 재무팀 친구가 PPT 제안 문서 디자인을 계속 수정해 달라고 나를 귀찮게 했어. 어우 참, 수정도 한두 번이지. 그냥 대충 알아서 고치라고 했더니, 키가 껑충 크고 어깨가 굽은 10년 차 친구가 사랑스러운 눈빛으로 이렇게 말하는 거야.

"어우 참, 저는요. IR 문서를 위대하게 만들고 싶어요. 제 머리 위에서 누군가가 '좋은 것은 위대한 것의 적'

이라고 하는데 제가 어떻게 그냥 좋은 문서를 만들 수 있겠어요?"

나는 그의 그윽하고 사랑스러운 눈빛에 할 말을 잃었어. 그리고 이런 생각을 했지.

'그래, 위대한 문서를 만들어주자. 한낱 포토샵 수정 작업이 뭐가 그리 대수인가. 야근을 조금만 더 하는 것이 뭐가 힘든가. 위대한 눈빛 앞에서 숙연해지고 겸손케 되는 건 시트를 커팅하여 붙인 45pt 글자 쪼가리 때문이리라. 한낱 시트지로 만든 문구가 직원을 일하게 하는 동기가 될 수 있구나.'

말은 글이 되어 눈으로 들어와 생각과 결심이 되고, 그것이 실천으로 뿜어져 나와 누군가를 변화시킨다는 게 대단히 신기해.

멋진 말들은 세상에 가득하고 흔하지. 화장실에도, 건물 앞 현관에도, 아버지가 카톡으로 보내주는 이미지에도, 베스트셀러 띠지에도 그런 말들은 넘쳐흘러. 하지만 그런 말들은 피부에 와닿아 내 세포를 깨워 의지와 케미를 만든 후 행동으로 발현되지 않는 한, 공허한 텍스트일 뿐이야.

크게 쓰고 크게 외친다고 잘 들리는 건 아니야. 오히려 지나가다가 무심코 귓가에 나지막이 닿은 말이 더 잘 들리잖아. 멋진 말은 유려하게 빛나지만 행동을 이끌지 못하면 공허하기 짝이 없지. 허무한 형식미만 뽐낼 뿐인 거야.

엄마의 잔소리와 교장 선생님의 훈화가 언젠가 여러분의 가슴속에 와닿아 요동치겠지. 그런데 그때는 이미 너무 커버려 생각이 딱딱하게 굳었을 수 있어. '너도 너 같은 자식 낳아서 똑같이 당해봐야 알 거다'라는 빛나는 문구는 화장실에 누가 안 붙여놓나 몰라.

내가 하고 싶은 이야기가 아니라

그가 듣고 싶은 이야기를 해.

# '으레'와의
# 싸움

**내 머릿속 지우개를 사용해**

"포트폴리오는 어떻게 만들어야 하나요?"

창의 노동하는 디자이너 후배들이 매번 묻는 말이
야. 취업, 취업, 취업을 위한 질문 레퍼토리지. 내가 면접
을 많이 보는 '기업관료꼰대' 면접관이라서 포트폴리오
를 '휘리릭' 5초만 훑어본 후 바로 탈락시키는 재주가 있
다는 소문이 퍼졌기 때문이야. (투자를 위한 금융 포트폴리
오면 좋을 텐데…)

포트폴리오를 잘 만드는 방법이 있을까? 블로그나
학원 같은 데에서 요령껏 설명을 해주긴 하는데, 정답이
있는 건 아니잖아. 그래서 이런 유의 질문을 받으면 융
숭히 대접할 수밖에 없어.

"포트폴리오가 뭐라고 생각해요?"

내가 질문하면 다들 나름대로 열심히 답을 하지. 그
답을 듣고 질문자의 머릿속에 뭐가 들어 있는지 알아챌
수 있어. "작품 목록이요." 같은 사전적 정의를 묻는 게
아니라는 것쯤은 아는 듯해.

포트폴리오는 종이로 출력한 두툼한 그림 묶음일
까? 스크롤바를 길게 내려야 하는 웹사이트 화면일까?

가볍게 볼 수 있는 영상일까? 나는 그걸 왜 만들어야 하는지가 참 궁금해. "지금 말한 그 포트폴리오를 왜 만들어요?"라고 물으면, "취업하려고요" "제출해야 하거든요" "저 자신을 보여주려고요" 같은 대답을 하지. 여기서 생략된 주어는 대부분 자기 자신이야. 그래서 다시 한번 묻지.

"포트폴리오라는 단어를 들어본 적도 없고, 이 세상에 그런 단어가 애초부터 없다고 치면, 어떻게든 그걸 상대에게 설명해야 하잖아요. 뭐라고 설명해야 할까요?"

이때부터 질문자의 뇌는 더욱 활성화되지. 한 번도 써보지 않은 뇌 영역이 작동하고 충돌하는 순간이야. 어떻하든 말을 지어야 하는데 말 짓기가 간단하지 않기 때문이지. 익히 알지만 어설프게 알고 있는 개념을 백지화한 후 다시 설명과 이름을 새롭게 만들어야 하니 이런! 막막하겠지.

"내가 만든 작품을… 보기 좋게 만들어… 음… 내 경력과 생각과 기술을 정리해서… 아, 어렵네요."

대다수가 상식적 풀이말을 하다가 힘들어해. 머릿속에 자리 잡은 단어의 개념에 묶여서 옴짝달싹 못 하지. 단어는 뭔가를 규정하고 이미지화하여 묶는 힘이 있기 때문이야. 특히 포트폴리오 같은 단어는 대체할만한 다른 단어도 딱히 없는지라 머릿속이 복잡해진 거야.

"일단 주어를 바꿔보세요"

"네?"

"'내가'라는 주어를 '이것을 볼 사람'으로 바꿔보시라고요."

"네에에?"

"내가 보여주는 '뭐 뭐'가 아니라 면접관이 '뭐 뭐 해서, 뭐 뭐 뭐 하는 어쩌고저쩌고'라는 식으로 주체를 바꾸어보면 이것에 대한 새로운 이름을 짓고 설명을 다시 할 수 있을 거예요."

"면접관이 작품들을 보고 내가 괜찮은 디자이너인지 아닌지 알 수 있게 펼쳐놓은 리스트?"

"좋아요. 주어를 바꾸니 포트폴리오의 핵심이 조금씩 드러나네요. 포트폴리오가 나의 쓰임새를 드러낸다고 생각하면서, 말이 길어져도 좋으니 더 구체적으로 말해볼까요?"

"면접관이 단시간에 훑어보고 내 작품들에 관심과 흥미가 생기도록 하는 설명집?"

"좋아요. 관심과 흥미가 생기면 뭐가 좋은 거지요? 그리고 무엇을 설명한다는 건가요? 작품 제목인가요? 작가 의도인가요? 제일 고민한 포인트나 관점인가요? 뭐가 제일 중요한 거예요?"

"알겠어요, 알겠어. (반짝이는 눈빛으로) 바쁘고 시간 없는 면접관이 빠르게 훑어본 후 저를 불러서 직접 작업에 관한 이야기를 듣고 싶게 하는 그 무엇이로군요."

"훌륭해요!"


포트폴리오라는 단어를 머릿속에서 지우고 '새로운 문장'을 만들었어. 그 문장에는 나만의 설명, 나만의 새 이름, 나만의 정의가 담겨 있지. 똑떨어지는 단어는 아닐지언정 '─한 그 무엇'이라는 장엄한 말이야. 작업물을 모조리 쓸어 담아 번호를 붙이고 배열하여 고심 끝에 만든 표지에 감싸는 일을 굳이 하지 않아도 된다는 사실을 알겠지?

　포트폴리오라는 이름을 몰라야, 아니, 잊어버려야 새롭게 네이밍Naming할 수 있어. '으레' 알고 있다고 생각한 세상 모든 단어는 내 머릿속에서 하얗게 지워진다. 지워진다. 지워진다. 내 눈은 밝아진다. 밝아진다. 밝아진다.

# 조직 문화의
# 구조

**암묵적 가정의 커다랗고 무거운 공기**

집에 들어가자마자 갑자기 싸늘한 공기가 느껴질 때가 있잖아. 현관문을 '스르륵' 열고 들어가면 대번에 알아차리지. '아, 누가 싸웠구나' '엄마 아빠가 다퉜구나' '집에 안 좋은 일이 벌어졌나 보다' 집 안의 공기 때문에 발꿈치를 들고 살살 걷게 돼.

어두운 밤, 골목길을 걸을 때 어떻게 걸어야 하는지 배운 적은 없어. 그런데 인기척이 느껴지지 않을 만큼 조용한 시간, 내 앞에 혼자 걷는 사람이 있는데 뒤에서 막 쫓아가듯 빠르게 걸으면 안 된다는 걸 알아. 캄캄하고 좁은 길의 공기를 살피며 보폭을 맞춰 걷게 돼.

특별히 교육받지 않아도 문화인으로서 우리는 누군가에게 어떻게 행동해야 상식적이고 정상인지 감으로 알아차려. 그 사회의 공기가 우리를 가르치기 때문이야. 그러한 '공기의 느낌'을 '문화적 태도'라고 일컫지.


한 사회에는 그 나름의 공기가 있어. 국가의 공기, 학교의 공기, 산악 동아리의 공기. 여러 사회에는 모양새가 있는데, 인위적으로 만든 사회 집단 중 회사는 참 인위적이지. 가정처럼 자연스럽게 묶인 것도 아니고 취미 동아리처럼 재밌는 곳도 아니잖아. 저마다 이기적인 목적을 가지고 모여 하나의 질서와 목표를 향해 달려가며 '나이스'함을 장착하고 지내야 하는 회사란 곳은, 참 ① 갑갑해 ② 위대해 ③ 끔찍해 ④ 신비로워. (맞는 답을 고르시오)

모든 회사마다 저마다 독특한 공기가 있어. '프로 이직러'라고 불리는 나는 회사 아홉 곳을 다녔는데, 회사마다 공기가 달랐어. 사람들이 모여 일하는 건 같은데 눈빛과 언어가 다른 게 신기했어. 회의 시간에 윗사람이 들어올 때 무리가 보여주는 태도, 발표할 때 인사하는 방법, 누군가의 이야기를 듣고 반응하는 제스처도 달랐지. 문서의 표지와 제목 스타일뿐 아니라 회의 시작 전에 흐르는 어색함마저도 회사마다 다 달랐지 뭐야.

'업무 이메일 쓸 때 이렇게 인사말을 써야 한다' '밥 먹으러 갈 때 이렇게 무리를 지어야 한다' '보고할 때 이런 말투를 써야 한다' 이런 걸 매뉴얼로 만들고 교육하지는 않잖아. 그런데 우리는 회사 문화를 자연스레 몸에 익히고 뒷말하는 타이밍과 요령까지도 배우게 되지. 일을 마치면 집에 들어가도 되는데, 괜히 야근하는 사람의 눈치를 보며 몇 분 더 앉아 있다가 퇴근하는 지질한 요령도 터득하게 되지. 이런 공기는 어디서 발생했을까? 누가 만들었을까? 어떤 식으로 탄생하고 유지되는 것일까? (아, 궁금하다, 안 궁금하다, 궁금하다, 궁금해할래)

'조직 문화'라는 매우 추상적인 단어가 있어. "조직의 목표를 달성하기 위해서 탄생한 정신적 소프트웨어"라고 누군가가 풀어쓰기도 했지. 정신적 소프트웨어, 운영체제Operation System, 뭔가 작동시키는 힘이 있는 것 같아. 조직 문화는 하드웨어가 아니라 소프트웨어고 게다가 '정신적 코드'일 테니 눈에 보이지 않잖아. 눈에 보이지 않으니 더 어려워.

그런데 한평생 이런 주제를 연구한 분이 있어. 조직 문화 전문가라고 하지. 존경스러워. (어떻게 이런 걸 연구하지?) 수천 개의 회사와 조직을 관찰하여 특성과 패턴을 뽑아 이유와 현상을 분석해 알려준 석학 에드거 샤인이 이런 말을 했어. "조직 문화란 특정 집단이 외부로부터의 적응과 내부 통합을 위해 학습하고 발견하고 개발한 기본 가정들의 패턴으로, 조직 구성원들이 당연하게 여기도록 하여 새로운 구성원들에게도 계속 전수하는 것이다." 조직 문화란 자연스레 생겼다기보다 고안하고 발견해서 개발한, 인위적이며 창의적인 소프트웨어야.

재밌는 그림이야. 수면 위 빙산은 '조직의 겉모양 Artifacts'이라 부르는 형식적인 것들이시. 간판에서 현수막, 유니폼, 말투, 표정, 노래, 색깔, 책상 배치, 회의실의 의자 순서, 상위 직책자의 방 블라인드, 이름 뒤에 부르는 직함, 명함, 인사하는 방식, 회의할 때 몸짓과 반응들, 로

비에 걸린 액자, 누군가 로비 중앙에 고이 모셔둔 빛나는 흉상까지 말이야.

눈에 안 보이는 게 진짜 중요할 거야. 수면 밑 빙산은 '조직의 속'이라 부르는 암묵적인 것들이지. 어떻게 하다 보니 동의하며 당연하게 여기는 그 무엇이야. 이를테면 약속과 믿음 같은, 아무도 건드리지 않는 아주 징그럽고 무거우며 삐걱거리는 얼음덩어리Basic Assumptions지.


회의 시간에 하고 싶은 말이 있는데도 '입을 열면 안 돼, 안 돼, 안 돼' 하고 내 허파를 꽉 잡는 공기, 이해가 안 되는데도 끄덕끄덕 "네, 네." 하면서 알아들은 척해야 하는 긍정적 고갯짓, 동료가 일을 잘 해내면 칭찬하려다가 문득 '내가 좀 밀리잖아'라고 생각하면서 도와주지 않는 이상한 경쟁심 같은 것은 과연 어디에서 생긴 것일까?

평소에는 발동되지 않다가 특정 조직에서는 당연하게 발동되는 것들이 많지. 고객을 위한 좋은 아이디어가 떠올라도 상사 마음에 안 들면 설득하길 포기하고, 나의 약점이 드러나면 욕먹으니 철저히 숨기면서 도움을 받고 성장할 기회를 잃어버리는 일들은, 왜 특정 조직 안에서 당연하게 여겨지는 것일까?

조직 문화를 이해할 때 눈에 보이는 겉모양을 잘 들여다보면, 그 안에 감추어진 것들을 유추할 수 있을 뿐 아니라 그 안에 숨겨진 거대한 얼음덩어리의 믿음이 나에게 어떻게 영향을 미치는지도 알 수 있어. 가령 '창의, 열정'이라는 거대한 글자가 박혀 있는 건물에서 일하는 사람들에게 창의와 열정은커녕 지겨움과 답답함을 느낀다면 '아, 이곳은 말만 멋있게 하고 지키지 않아도 되는 거짓이 당연한 곳이구나'라고 이해할 수 있지.

근원적인 것들이 표면적인 것들과 어떻게 연결되었는지 알 수 있다면, 내가 숨 쉬는 조직이 겉만 멀쩡한지 속도 건강한지 파악할 수 있을 뿐 아니라 전체를 조망할 수 있어. 이를테면 어떤 회사 로비에 '기탄없이 비판하고 토론한다'라고 적힌 현수막과 '포장하지 말고 본질 가치에 집중하자'라는 표어가 아주 크고 멋들어지게 붙어 있다고 치자. 그 표어들이 업무 현장에서 잘 작동하는지, 말뿐인 허상인지 금방 알 수 있거든.

오늘 내가 회의 시간에 동료와 의견을 어떻게 나눴

느지 떠올려봐. 기피하며 입을 다물었는가, 기탄없이 혀를 움직였는가를 생각해보면 내가 속한 조직이라는 빙산의 수면 위와 수면 밑이 같은지 다른지 알 수 있으니까.

내가 잘 모르는 것이 있고 어려움이 있을 때 아무렇지 않게 동료를 붙들고 말할 수 있는, 편안한 분위기는 왜 그토록 만들어지기 어려울까? 참 신기해. 내 약점을 끊임없이 감추고 상대를 방어하며 지내야 하는 조직은 누가 처음에 만들고 설계했으며, 그런 조직의 공기를 끊임없이 생산하는 소프트웨어는 왜 단번에 바꾸기 어려울까?

이유는 간단해. 정말 단순해. 우두머리 때문이야. 그 조직을 처음 잉태하고 키운 조직의 리더라 불리는 우두머리 때문이지. 우두머리의 철학, 사고방식, 꿈, 야망, 욕망, 세계관, 습관, 주위 사람을 대하는 태도 등이 합쳐져서 조직 전체에 뿌려지는 씨앗이 되는 것 같아. 아름다움을 느끼는 심미적인 안목까지 그 씨앗에 포함된 것도 신기해. (어떤 조직에서 공식적으로 손님에게 주는 선물이나 기념품 같은 것을 봐. 우두머리의 문화 소양은 그렇게 증명이 되고…) 그 씨앗에 (암묵적으로) 동의하며 지지하고 물을 주며 신뢰를 부여받은 우두머리의 주변 인물들이 제도와 규칙을 만들고 계속 자기와 비슷한 이들을 키워내는데 별수 있겠나.

모든 조직 문화 컨설턴트는 클라이언트 회사에서 큰돈을 받고 조직 진단, 변화 요인 발굴, 조직 문화 혁신 로드맵 같은 것들을 만드는데 정작 핵심은 한 문장으로 끝나.

"리더를 없애라바꿔라."

(하지만 월급을 받기 위해서 그 문장이 들어간 장표는 빼고 다른 예쁜 도식들로 채워 리포팅한다는 사실! 후후후)


조직 문화라는 어려운 공기덩어리를 바꾸고 싶은 공기청정기 같은 사람들이 세상에 좀 있어. 그것을 자신의 미션으로 삼는 이들도 있지. 조직 문화 변화 컨설턴트들이 공통으로 원하는 한 가지가 '조직 구성원들의 자유로운 소통'이지 뭐야. 어느 조직이든 한결같은 목표를 이루길 소망해. 세상에서 가장 어렵고 불가능하기까지 한 아름다운 목표지. 가정이나 학교, 동아리, 심지에 군대에서도 원하는 그 이데아Idea 말이야.

내가 말이야, 회사 아홉 곳을 전전하고 최고 우두머리 열네 명을 경험하면서 깨달은 게 있어. 처음에 그토록 숭고하고 싱그럽던 공기가 서서히 무거워지고 탁해지는 이유를 알았지. 우두머리가 공기의 느낌을 잘 알아채지 못하거나 관심이 없어질 때 조직의 공기는 급속히 구려진다는 거야. 공기청정기가 무색해지지. 구린 공기의 진원지가 자신인데도 우두머리는 그걸 부정해.

그래서 조직의 정신적 소프트웨어가 계속 건강하게 업데이트되려면 반드시 초기 설계도에 넣어야 하는 필수 코드가 있어. '우두머리가 듣기 싫은 이야기도 거침없이 할 수 있는 존재가 곁에 살아 있어야 한다' '우두머리와 이야기할 수 있는 통로가 뚫려 있어야 한다' '우두머리에게 반대 의견을 제시하는 사람을 훼손하지 않는다' 특히 안전을 보장하는 약속을 넣어야 해. 우두머리가 이런 용감한 설계를 할 수 있을 정도의 수준을 갖췄다면 이미 그 조직의 앞날은 청정할 거야.

구린 공기가 흘러넘치는 조직에라도 들어가 밥벌이하며, 그 공기를 감사히 맡고 싶은 이들도 있을 테지. 그들에게 미안해. 기왕이면 일터에서 숨 쉬는 여덟아홉 시간 동안, 피톤치드 향이 나는 공기를 맡으며 일하면 건강에도 좋잖아. 월급을 많이 받아도 맨날 무거운 공기를 맡으며 지내면 뇌세포도 죽고 머리도 무겁고 눈동자의 색깔도 탁해지는데, 그런 공기 안에서 일하면 슬프잖아.

공기 좋은 그런 곳이 어디 있냐고? 어떻게 찾느냐고? 자기 자신의 내면에 어떤 열망과 기준이 있는지 관심을 기울이면 찾을 수 있지 않을까? 겉모양 아래 숨겨진 것들을 상상해보면 나의 기준도 건강해지겠지. (그래서 내가 빙산 구조도도 보여줬잖아)

좋은 공기를 마셔본 사람은 자신과 같은 공기를 내뿜는 사람을 잘 알아봐. 눈빛이 다르거든. 아무리 구린 공기가 가득한 조직에 들어가도 기죽지 않고 공기청정기 같은 자유로운 숨을 내뿜는 사람들이 어딜 가나 조금씩 있어. 가끔 그들은 위험에 처하지만, 그들 덕에 누군가는 사는 것 같아.

작은 조직이든 큰 조직이든 공기의 진원지인 리더들을 잘 살펴보길 바라. 그리고 언젠가 여러분이 조직의 위에 올라가면 내가 내뿜는 공기의 무게와 맑기를 꼭 알아내길 바라. 위로 올라갈수록 듣는 통로는 좁아지고 말해주는 이도 사라지니 함정을 잘 피해 다니길 바라. 누군가는 내가 내쉰 공기를 '킁킁' 맡으면서 나와 같은 숨을 쉴 테니, 숨을 잘 내쉬면서 일하길 바라. 공기 반, '넵' 소리 반, 노래를 부르며 일하길 바라.

# '너답다'라는
# 칭찬

**욕일 수도**

'What's your name?'을 이탈리어로는 'Come ti chiami?'라고 한대. 'Come'은 '어떻게', 'ti'는 '너 스스로를', 'chiami'는 '—을 부르다'란 뜻이지. 번역하면 '너는 너를 뭐라고 부르니How do you call yourself?'인데, 문법이 꽤 재밌지. 어떻게 부르는지, 어떻게 불리는지, 'Call'의 의미가 '이름'이 탄생한 의미와 연결되는 것이 말이야. 문화적인 차이에서 발생한 언어 구조 때문이지만 꽤 철학적이야.

내가 나인 이유는 누군가가 나를 불러줄 때Call me 비로소 인식되는 장엄한(또는 하찮은) 순간일 수 있잖아. 그래서 짐승, 곤충 들은 인간처럼 이름을 불러주는 의미 교류를 하지 못하니 참 딱해. 이름을 붙이고 그 이름을 기억해서 불러주고 알아채서 대답하는 게 얼마나 재밌는 일인데 말이야.

누군가 내 이름을 불러줄 때마다 '나는 누구지?' '내 이름은 어떤 뜻이었지?' 하고 생각하는 사람은 많지 않아. 그러다 다른 사람의 휴대전화에 저장된 내 이름 혹은 닉네임을 볼 때 묘한 느낌을 받지. '내가 저런 식으로 비치고 기억되고 저장되어 있구나. 욕은 붙어 있지 않아서 다행인걸?' 하고 안심할 수도 있지. 누군가의 휴대전화에 나는 '회사 꼰대' '미친 아저씨'라고 쓰여 있을 수 있다는 걸 늘 유념하고 있어.

퍼스널 브랜딩Personal Branding●이라는 말 들어봤어? MZ세대가 주목하는 유행어야. 그들에게 퍼스널 브랜딩은 생존의 기술이자 처세술이지. 처음에 누가 만들었는지 모르겠지만 참 섹시한 용어라고 생각해. 이런 광고 문구도 있더라고. "퍼스널 브랜딩 가이드, 나의 브랜드를 만들고 홍보하라." "성공하는 사람들의 비밀, 퍼스널 브랜딩." "당신의 가치를 극대화하라! 퍼스널 브랜딩 신드롬."

퍼스널 브랜딩을 요약하면, '취업도 어렵고 조직 생활도 힘들고 평생직장도 없는 시대다. 이런 시대에 믿을 만한 것은 자신밖에 없으니 본캐와 부캐를 만들어가며 끊임없이 자신을 세일즈하며 생존력을 극대화해보라'라

---

● 스스로를 브랜드화해서 가치 있는 사람으로 변신하는 행위인데, 자기 분야에서 아는 체를 많이 해서 권위자로 자리매김하기도 하거나 다른 경쟁자와 색깔을 확연히 다르게 해서 대중의 인식을 사로잡으며 영향을 미치는 존재가 되어가는 것을 뜻해. 자신의 경력을 발전시키고 영향력의 범위를 넓히기 위한 꽤 의식적인 몸부림이지. 한마디로, 자기를 매력적으로 세일즈한다고 해.

는 의미인데, 설득력이 나름 있으니 매료될 수밖에 없어.

기성세대는 한 조직에 소속해 충성을 다하여 자신의 정체성을 조직과 일치시켰지. 조직의 성장을 자신의 성장이라 여기며 살아가는 것이 성공의 미덕이라 생각했어. 반면, MZ세대는 그것을 부정하고 있어. 시대가 바뀌었다는 신호지.

아무리 조직에 헌신하고 집단 가치를 위해 개성을 죽인들 나에게 남는 게 뭐지? 푼돈과 퇴직금과 쓸쓸함? 뼈 때리는 위기감? 물이 쭉 빠진 잊힌 퇴물밖에 더 되겠어? 은퇴 후 공활한 먹먹함은 어이할꼬. 한 가지만 잘해도 먹고살던 시대는 빠이빠이Bye Bye인가?

자기개발의 특이 변곡점까지 끌고 가는 자기 성장의 부추김은, 퍼스널 브랜딩이라는 그럴듯한 유행을 낳았어. 유튜브에서 "좋아요, 댓글, 구독, 알람 설정 부탁해요"를 앙증맞은 끝인사로 달고 사는 스트리머Streamer와 인스타그램 인플루언서 덕분에 퍼스널 브랜딩은 진리처럼 느껴지기도 하지.

미디어에서 끊임없이 자신을 팔기 위해(점잖은 표현으

로는 주목받기 위해, 의미론적 표현으로는 가치 있는 이름이 되기 위해) 애쓰는 사람들의 에너지는 실로 존경스러워. 나도 즐겨보는 유튜브 채널이 있어. 어느 법률회사의 고위 관료가 운영하는 채널이야. 나는 그분이 스튜디오에서 짬짬이 촬영하여 올린 영상에 빠져들었을 뿐 아니라 완전 그분의 팬이 되었어. 세계지리에서 역사, 과학 분야까지 기막히게 알려주거든. 그분의 법률회사도 괜히 미덥고 사랑스러워지더라고. '그 법률회사는 외부활동을 허락해 주는구나. 멋진걸!' 하는 생각도 들고 말이야. (아무도 유튜브를 보지 않는 회사일 수도 있고)

요즘은 조직에 소속되어 있으면서 독립적으로 개인의 역량을 뽐내며 활동하는 게 자연스러워진 듯해. 하지만 아직도 많은 회사는 개인이 개성을 확연히 드러내면 난감을 표하지. 집단의 정체성과 질서를 깨트릴까 봐 눈에 거슬리나 봐. 심지어 부업으로 책을 낸다거나 유튜브로 부수입을 얻고자 한다면 꽤 난감해할지도 몰라. (어머, 그리고 보니 회사원인 나도 회사 일을 하면서 틈틈이 책 쓰는 중이잖아) 그래서 부캐, 닉네임, 위조된 캐릭터의 정체성을 잘 만들어 현실과 줄다리기를 하는 처세술이 각광받고 있어. 그런데 그렇게 내 이름을 숨기면서까지 피곤하게 살면 행복할까? 멀티 페르소나 Persona•가 미래의 능력이 될 수도 있겠지만 웬만큼 연기력이 출중하지 않다면 부캐 같은 인공 페르소나로 살기는 힘들 것 같아. 어우 피곤해.

어쨌든 누가 시킨 일이 아니라 내가 좋아하고 선택한 일을 꾸려나가는 건 빛나는 생명의 특권이야. 나다움을 확인하고 꺼내 보고 개발하여 뭔가를 해내는 건 내가 누구인지, 무엇 때문에 이 땅에 태어났는지를 알아낼 수 있는 숭고한 여정일 수 있기 때문이지.

조금 '특출나다'라고 불리는 이들은 대개 조직에서 개성을 감당하지 못해 자의 반 타의 반으로 뛰쳐나와 독립하여 자기 업을 만들어가지. 조직이 개성을 다 수용할 수 없기에 일어나는 작용 반작용이야. 나는 특출난 이들

---

• 페르소나란 고대 그리스 가면극에서 배우들이 쓰던 가면에서 유래한 말이야. 심리학에서는 다른 사람이 바라보는 나의 성격을 가리키는 용어로 사용하고, 영화계에서는 감독의 분신이나 상징 같은 배우를 지칭하지. '페르소나 마케팅'이란 용어는 '페르소나'와 '마케팅'을 합친 말인데, 이미지를 설정해 제품이나 서비스를 각인시키는 '콘셉트'라는 용어와 유사해.

말고 좀 애매한(조직에 완전히 동화되지도 않고 개성을 모두 드러내지도 않은) 양다리를 걸친 이들에 주목하는 편이야. 양다리를 걸친다는 건 양손잡이 예술적인 삶이거든.

'또라이 총량 불변의 법칙'이라는 흉측한 말로 통용되는 조직 사회의 블랙유머가 있잖아. 한때 인터넷에서 화제였지. 어느 조직이든 일정량의 또라이가 존재해. 또라이를 피해 조직을 옮겨도 그곳에서 새로운 또라이를 만나게 되지. 조직 내 상또라이가 없다면 조직 내 덜 또라이가 많아서 또라이 총량에는 차이가 없어. 내가 속한 조직에 또라이가 없다는 생각이 들면 내가 또라이야.

나는 또라이에 관심이 많아. 조직에 피해를 주는 또라이가 아닌 조직에서 사랑받고 존경받으면서 인정도 받는 '튀는 사람'을 좋아해. 아니, 사랑해. 조직의 건강성을 좋아지게 하고 책임감을 가지고 일하면서, 자기 개성과 자기 철학을 잃지 않는 고귀한 영혼들이 있거든.

그런데 조직 안에서 자기 색깔과 태도를 꾸준히 유지하는 건 만만치 않아. 갈등과 오해, 편견과 뒷담, 온갖 수모를 겪으며 꿋꿋이 버텨야 하거든. 모든 게 순조롭고 쉽다면 모든 조직은 개성이 만발한 놀이동산 같겠지. 조직이 클수록 개성은 죽고 회색빛이 더 진하게 돌잖아.

일단 일을 잘해야 개성이 의미가 있겠지. 일을 잘 해내면서 전후좌우를 살피고 일관성이 있을 때 주위 시선을 꿋꿋이 이겨내는 원동력이 생겨. 예를 들어볼게. 보고서를 받아볼 한 명 한 명과 사전에 충분히 교감한 후 보고하는 거야. 내가 아니라 이해당사자 중심으로 스토리를 잘 엮는다면 보고서에 특정한 형식이 필요하지 않을 거야. 만화나 낙서라도 상관없겠지. 회의 시간에 노래 한 소절을 읊은들 무엇이 두렵겠어. 이미 보고서를 쓰는 근원적인 목적을 성취했을 테니까. 심지어 머리 모양은 무슨 상관있으랴. (아직도 수염이나 장발을 금기하는 회사가 있더라고. 우웩)


내가 하고 싶은 것과 상대가 원하는 것 사이에서 '그동안 해왔던 관습을 깨고 기대 이상의 무언가'를 해내보려는 실험과 도전을 시시때때로 해보지 않는다면 우리는 금세 나만의 숭고한 에너지를 다 잃어버리고 말 거야. 상대가 원하는 것만 척척 해내는 일도 대단하지만,

그것에 만족하지 못하는 사람이 꼭 있거든. (바로 당신?!)

처음부터 내가 하고 싶은 것을 이루지 못하더라도 욕먹을 각오하면서 해봐. 욕을 먹으면 기분이 상하고 낙심이 크잖아. 그러니까 욕을 적게 먹을 수 있는 아주 작은 일부터 차곡차곡 '나만의 방식'으로 욕을 앙증맞게 먹으면서 해보라는 거야.

'좀 이상하겠지만 귀엽게 봐주세요'라는 기특한 말이 있어. 이 솜사탕 같은 말은 내 앞뒤로 날아오는 핀잔과 욕을 누그러뜨리는 완충재야. 연차가 낮을 때 써야해. 연차가 쌓이면 이 말을 쓸 수가 없거든. 언어에도 유효기간과 때가 있기 때문이야. 어리숙하고 멋모를 때 이 말을 써먹으면서 나만의 에너지를 소멸시키지 않으며 일하기를 바라. 솜사탕 같은 말을 한 덕에, 내 인생을 도울 요정 같은 누군가가 있었다는 사실을 알게 될지도 몰라. 요정은 초능력자가 아니라서 가만히 있으면 내 안에 숨은 빛을 알아보지 못하거든. 그리고 남들을 따라 해서 무난히 일하는 걸 안도하고 자랑스러워하면, 어느 순간 내가 가진 무언가를 모두 빼앗겼다는 느낌이 들어도 그 때는 대책이 없을 거야.

'너답다'라는 말을 들을 때 설레고 기분이 좋다면 작을 일부터 시도해봐. 부끄러움이 많고 자신을 드러내는 게 불편한 사람도 자신의 진짜 색깔을 알고 싶은 마음이 있을 거야.

'나다운 것'은 시간이 쌓여야 겨우 드러나는 궤적 같은 것이잖아. 처음부터 나만의 스타일을 만들어내기 힘들뿐더러 남들을 따라 하기도 벅찬 세상에서 언제 나를 끄집어 내보겠어.

머릿속에서 나의 모습을 형상화한들 '내가 생각하는 나'와 '남이 보는 나' 사이에는 간극이 있잖아. 그 간극이 없어질 때가 비로소 나만의 무언가가 자연스레 자리 잡은 때라고 생각해. 그 때를 앞당기려면 뭔가를 해보고 확인하고 또 해보고 확인하는 수밖에 없지.

자기다움이 충만한 페이스북 친구가 이런 말을 올렸어. "남들과 다르려면 남들을 다 알아야 하지만 나답기를 원한다면 나만 알면 된다!"(키햐─ 멋진 말이야. '좋아요' 백 개!) 멋진 말에 이런 댓글을 달아줄 걸 그랬어. '내가 누군지 모르는데 어떻게 나답게 살지? 아하, 안 해본 거 해보고 욕먹어봐야 알지!'('싫어요' 열 개!)

# 창의적인 사람이
# 되고 싶어요

**왜요?**

우리 동네 미술학원 간판에 '창의성 개발 증진'이란 문구가 적혀 있어. 빛나는 전구, 분홍 노란색 뇌, 레오나르도 다빈치 이미지가 붙은 그 간판은 전혀 창의적이지 않단 말이지. 그런데 그곳에서 어떻게 창의성을 기를까? 부모들은 무슨 생각으로 그곳에 자녀들을 맡길까?

창의성 교육과 강연 요청을 받곤 해. 내가 디자이너이고 크레이티브 어쩌고저쩌고라는 직업을 갖고 있기 때문이야. (디자이너라고 다 창의적이지 않다는 사실을 모르다니! 게다가 자녀들은 그런 강의를 좋아하지도 않는다고!) 기업에서, 교회에서, 서점에서 강의한 적이 있어. 초등학교, 중학교 강당에서 부모 재능기부 강의하라고 해서 한 적도 있어.

부모들은 강의를 듣고 나서 자녀들의 창의성이 쑥쑥 커지거나 인생에 큰 변화가 생길 줄 아나 본데, 풋. 혹시 자녀들이 강의를 듣자마자 뭔가를 깨닫곤 발명가가 되기를 기대하는 것일까? '헤어드라이어를 고쳐서 고양이 털을 손질하는 기계를 개발할 수 있을 것 같아!'라고 유레카를 외치며 말이야.

'창의'는 '행복' '혁신' '성공'만큼 모두가 싫어하지 않는 말이지. 반창의적인 사람이 되고 싶은 사람은 없기 때문이야. 창의적이지 않아도 충분히 먹고사는 데 지장이 없는데 말이지. 그런데 창의적인 사람이 왜 되고 싶은지 물어보면 대답은 각양각색이야. 재밌게 살고 싶어서, 돈을 많이 벌고 싶어서, 반짝이는 아이디어가 필요해서, 삶에 변화를 주고 싶어서, 막연히 창의적인 것이 좋다고 생각해서 창의적이고 싶다고 답하기도 해. 행복하면 좋다고, 행복하고 싶다고 말하는 사람에게 행복이 뭐냐고 물으면 막상 대답을 못 하는 것처럼 말이지.

창의성이란 단어는 개념적이고 널따란 의미를 내포하고 있어. '유연하게 살고 싶어' '좀 부들부들 말랑말랑하게 살고 싶어' '새로운 게 필요해' 같은 말로 풀어서 표현하는 것이 한결 피부에 와닿을 것 같아.

그런데 창의성이 필요하다는 사람들의 눈빛과 생활을 보면 갑갑하고 권태로워. 자신이 경직되어 있다는 걸 느끼고도 어찌할 바를 몰라서 머뭇거리지. 딱히 불편하지도 않으면서 그럭저럭 살만한 상태인데도 말이야. (그렇다면 창의는 사치일까? 정작 필요해 보이지도 않으면서 쳇!)

창의성을 원하는 이들의 진짜 속마음은 무엇일까? 사람들이 창의성을 원하면서 동시에 거부한다는 사실을 증명한 연구자들이 있어. 미국의 심리과학협회APS, Association for Psychological Science 학술지인 《심리 과학Psychological Science》 2011년 11월호에 미국 펜실베이니아대학 심리학과 교수인 제니퍼 S. 뮬러 교수와 그 동료들이 쓴 〈창의성에 대한 편견: 왜 사람들은 창의적인 아이디어를 갈망하면서도 거부하는가The Bias Against Creativity: Why People Desire but Reject Creative Ideas〉라는 논문이 실린 적이 있어. 200명을 대상으로 '불확실성 상황'과 '일반적인 상황'에서 창의성과 실제성에 대한 '암묵적 연상반응 검사IAT, Implicit Association Test'를 했다고 해. 이게 뭔 말인지 모르겠지만 검사 결과는 알겠어. 일반적인 상황에서는 창의성에 긍정적으로 반응하는데 불확실한 상황에서는 창의성에 부정적인 반응(반창의성)을 보인다는 거야. 실험 과정이 궁금한 사람은 검색해서 논문을 찾아보길 바라. 결론은 다음과 같아.

## 결론 1.

창의적인 아이디어는 새롭긴 한데 불확실하잖아. 사람들은 불확실한 것을 별로 안 좋아해. 말로는 창의성을 지지하고 응원하지만 실제로는 창의적인 아이디어와 맞닥뜨리면 '재까닥' 버리고 이미 검증된 해결책을 선택한대. 그게 편안하잖아.

## 결론 2.

창의적인 해결책을 뒷받침하는 객관적인 증거를 보여주더라도 예전 방식을 계속 지킨다니까. 다시 돌아보지도 않는다고. 에잉.

## 결론 3.

사람들의 반창의성 편향은 아주 미묘하고 복잡해서 자신이 반창의적 편향에 사로잡혀 있는 것조차 모른대. 인정하지 않는 거겠지. 아니, 그냥 자기 자신이 어떤 상태인지 모르는 걸 거야.

## 결론 4.

사람들은 겉으로는 '나는 창의성을 지지하고 옹호한다'라고 하지만 실제로는 창의성을 '구토' '독' '고통' 같은 부정적인 단어들과 무의식적으로 연결해 연상한다고 해! 우웩.

우리는 말로만 창의성을 찾고 지지하고 육성한다고

하고, 막상 창의적 아이디어와 마주치면 (특히 불확실성에 대한 걱정이 깔려 있는 기업이나 공공기관이나 정치 상황에서) 무의식적으로 반창의성의 편향을 드러내며 창의적 아이디어에 불편해하고, 결국에는 이미 무난함이 입증되고 적용된 바 있는 해결책을 선택한다는 게 결론이야.

소위 눈에 띄는 창의적인 사람들은 밖에선 주목을 받으면서 안에선 비난과 거절, 불편한 존재로 취급받기도 하지. 공상을 즐기고, 쓸데없는 것들을 유심히 관찰하며 즐거워하고, 익숙한 것들을 지겨워하면서 실패하고, 망치면서 마음껏 해내는 이들이 있어. 이들을 좋아하면서 싫어하고, 선망하면서 불편해하고, 박수를 보내면서 뒤에선 혀를 차본 적 있나? 나는 있어. 인간은 익숙함을 선택하고 위험을 꺼리는 본성이 있으니까. (나도 인간이거든)

창의적인 사람이 되고 싶다는 이야기는 그래서 모순적인 희망 같아. 막연히 좋아 보이지만 실제로는 불편하니까. 창의성創意性의 창創 자에는 칼刂이 숨어 있어. 창의성이란 빛나고 뭉뚝한 것을 도려내는 아픔을 이겨내면서 탄생하기 때문이야.

어떤 부모가 '창의성 개발 증진'이라고 홍보하는 미

술학원에 아이를 데리고 가거든 불편한 눈빛으로 상냥하게 이렇게 말해봐. "아이가 점점 그림을 잘 그리면 반창의적인 기술 교육을 받는 거고요. 점점 이상한 걸 그리면 참된 창의 교육을 받는 거니 원장님께 고맙다고 학원비를 두 배 내셔야 할 거예요."

효율, 빠름, 안정을 원한다면

감히 창의적으로 일하면 안 돼.

망하기 십상이니까.

# 말랑이와
# 굳건이

**의자란 무엇인가?**

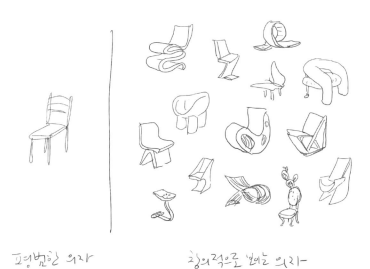

평범한 의자                  창의적으로 보이는 의자

여기 봐봐. 신기한 의자들이 많아. 흔들거리는 의자, 풍선 같은 의자, 길쭉한 의자, 삐딱한 의자, 의자 같지 않은 희한한 의자, 어디서 많이 본 것 같은데 뭔가 다른 의자, 우주선에 놓으면 딱 어울릴 것 같은 의자도 있네. 앉으라고 만든 건지 장식품으로 만든 건지 앉으면 불편할 것 같은 의자도 있어. 신기한 의자들이 많아.

왼쪽의 '평범한 의자'와 오른쪽의 '창의적으로 보이는 의자'의 차이는 무엇일까?

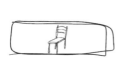

굴건이 안의 의자—

왼쪽 의자는 우리가 흔히 보는 의자 모양이야. 누군가에게 '의자를 만들어라'라는 과제를 받으면 만들어지는 의자야. 의자라는 두 글자를 듣는 순간 '내가 알고 경험한 의자'라는 프레임 안에 들어가거든. 내가 알고 경험한 의자는 엉덩이 받침대, 등받이, 네 개의 다리, 팔걸이로 이루어져 있기 때문이지. 그래서 색깔이나 소재 정도가 창작 능력의 전부가 되어 버리곤 해.

말랑이 안의 의자—

그런데 누군가에게 '의자를 만들어라'가 아니라 '앉는 것 만들어라'라는 과제를 받으면 어떻게 될까? '앉는 것'이란 세 글자는 우리를 프레임에서 벗어나게 해. 오히려 이런 생각 질문을 떠올리게 하지. '왜 앉지?' '언제 앉지?' '누구와 앉지?' '앉는 것과 눕는 것의 중간은 뭐지?' '앉지 않는다면?' 여러 질문을 하면서 우리는 독특한 모양의 '앉는 것'을 만들게 될 거야.

자, 왼쪽 의자와 오른쪽 의자의 차이점을 알겠지? 의자라는 단어를 쓰지 않는 것만으로도 우리는 더 유연하고 말랑말랑한 생각을 떠올릴 수 있어.

나는 '의자'라고 말할 때 생기는 네모난 틀을 '굳건이'라고 불러. 애매하거나 모르는 것을 확실히 정해주고 안정감을 주기 때문이야. 반대로 '앉는 것'이라고 말할 때 생기는, 정해지지 않은 뭉글뭉글한 뭔가를 '말랑이'라고 부르지. 틀을 만들지 않았기 때문에 아주 자유롭고 어디로 튈지 모르면서 유연한 방향을 만들어주거든.

말랑말랑한 상태에서 앉는 것을 뚝딱뚝딱 만들고 나면, 사람들은 만들어진 그것을 뭐라고 부르는지 알아?

"와! 독특한 의자다." "우와, 창의적인 의자다." "오, 새로운 의자군." 하고 '○○한 의자'라고 말해. 재밌지? 결국 의자라고 말하지. 만든 사람은 절대로 의자를 만들지 않았는데도 말이야. (앉는 것을 만들었을 뿐이라고!)

사람들이 의자라는 단어밖에 모르기 때문에 의자라는 프레임으로 새로운 것을 부를 수밖에 없는 것. 이것이 우리가 사는 세상의 프레임이야. 알고 있는 단어에 묶여서 생각하고 그 단어로 부를 수밖에 없다는 뜻이지.

창의적인 사람들은 이 비밀을 아는 것 같아. "의자를 창의적으로 잘 만들었네요"라는 말을 들으면 '사실은 의자 만든 거 아니지롱. 앉는 것을 만들었을 뿐이지롱' 하면서 자신만의 정의를 떠올리며 '키득키득' 웃지. 사람들이 쉽게 알아들을 수 있는 익숙한 단어가 있기 때문에 굳이 자신만의 정의를 말하지 않는 것뿐이라고.


무언가를 남다르게 하거나 새롭게 만드는 가장 쉬운 방법이 있어. 바로 그것을 그것이라고 부르지 않는 습관을 기르는 거야. 매일 이메일을 써야 하는 사람이라면 이메일을 이메일이라 부르지 않을 때 색다른 이메일을 쓸 수 있을 거야. 회의가 일상인 사람이라면 회의를 회의라 부르지 않을 때 갑갑하지 않은 회의를 할 수 있을 거야. 인사를 반복적으로 해야 하는 사람이라면 인사를 인사라 부르지 않고 자신만의 뭔가로 부를 때 인사가 새로운 뭔가로 재탄생할 거야.

굳건이와 말랑이는 친구야. 서로 잘 지내도록 하길 바라. 결국 말랑이도 반복되면 패턴이 생겨서 굳건이가 되고, 굳건이는 숨을 불어넣거나 폭발하면 말랑이가 되는 셈이기 때문이야.

그럼 잠시 굳건이가 말랑이가 되는 대화를 볼래?

**굳** 오늘 발표 준비 다 했니?

**말** 아, 사람들 앞에서 하는 그거?

**굳** 응, 발표. 발표 준비 다 했냐고!

**말** 발표는 잘 모르겠고. '너한테만 하는 이야기를 다른 사람들이 엿듣게 하는 것', 그거 잘 해볼게.

**굳** 아우, 그래서 자꾸 나만 쳐다보는 거구나. 하하.

# 쳇, 나 혼자만
# 창의적이면 뭐해!

**집단 창작 시스템**

톨스토이의 소설 《안나 카레니나》의 첫 문장은 이러해. "행복한 가정은 모두 비슷한 이유로 행복하지만 불행한 가정은 저마다의 이유로 불행하다." 멋진 말 같은데 뭔 소리인가 싶지? 곰곰 해석해보면 이런 뜻일 거야. 행복한 가정은 한 방향을 바라보고 공통점을 나눈다면, 불행한 가정은 애정이든 돈이든 자녀든 제각각의 이유로 서로 다른 곳을 바라보기 때문에 불행하다.

《안나 카레니나》의 첫 문장을 읽다가 조직 공동체의 행복지수를 높이는 방법을 떠올렸어. 일이 어렵더라도 다 같이 희망의 에너지를 공유하고 있노라면 웃을 수도 있고 꽤 살만하겠지. 하지만 갖추어진 게 아무리 많아도 서로 뭘 하는지 무엇을 원하는지 도무지 알 수 없다면 뒤에서 욕하고 오해의 말들을 쏟아내어 불행하겠지.

사람들이 내게 창의적인 조직 문화를 어떻게 만드는지 묻곤 해. 아우, 대답하기 정말 어려워. 창의적인 조직이 과연 어떤 조직인지 명확히 알아야 답할 수 있기 때문이야. 회사마다 정의하는 창의의 기준이 있을 터이니 나도 내 경험에 근거한 방법을 얼핏 이야기할 수는 있을까 몰라.

한 명의 카리스마 넘치는 크리에이티브 디렉터와 소수의 엘리트 창의 노동자만 있으면 얼마든지 창의 조직을 꾸릴 수 있다고 믿었던 적도 있어. (혹시 애플Apple?) 모든 구성원이 창의성을 펼치며 행복하게 일하는 사회 조직을 본 적도 없거니와 그런 조직은 현실에 있을 수 없다고 생각했으니까. 나는 너무 닳고 닳았나 봐.

지금 내가 일하는 일터에 입사했을 때 신선한 충격을 받았어. 일은 많고 프로세스는 주먹구구였는데 정신없는 와중에도 깔깔대는 기운이 대단했거든. 일이 몰린 사람이 "나 좀 도와줄 사람?"이라고 말하자마자 동료들이 달려들었고, 모르는 것이 있으면 "몰라요"라고 말해도 아무도 뭐라 하지 않았지. '어려워' '힘들어' '멋져' '이상해' '좋았어' 같은 감정이 섞인 표현들을 끊임없이 주고받는 분위기였어. 지금도 그래. 내가 이전에 다닌 회사들에서 한 번도 보지 못한 모습이라 새로웠지.

가장 놀랐던 점은 바로 이거야. 윗사람을 무서워하거나 의식하며 머뭇거리지 않는 것. 회사 최고 대장이 옆에 와도 '그러려니' 하는 것. 삐딱하게 앉아 있다가 자세를 바꾸지 않고 자기 일을 하는 것. 임원이 탕비실에서 컵을 닦고 있어도 '제가 대신할게요'라고 말하며 넙죽 엎드리는 행동을 아무도 안 한다는 것이지.

이런 조직의 구성원은 회의하거나 메신저로 이야기할 때 스스럼없이 자기 의견을 말하지. 상사가 있거나 없거나 눈치를 보지 않아. 자신의 이야기를 자연스레 하는 게 너무나 당연하다고 생각해. 다들 자기 의견을 아무렇지 않게 말하니 조직의 공기가 맑지.

이런 조직을 만든 몇 가지 규칙이 있어. 단체 톡할 때 리더를 뺀 단체방을 절대 만들지 않는다. (리더 없는 단체방의 분위기가 어떤지 알지?) 단체방에서 나눌 수 없는 이야기는 다른 방에서도 하지 않는다. 누군가가 말을 했을 때 재빠르게 반응한다. 얼굴을 마주하지 않는 온라인 공간에서는 이모티콘이나 'ㅋㅋㅋ' '와우' '어머' 등의 반응을 보여주지 않으면 적막해지고 진공 상태의 어색한 공기가 사람을 굳게 만들기 때문이야. 누군가의 말에 반사적으로 반응하는 훈련을 끊임없이 하다 보면 자연스럽게 연결된 대화가 편안한 분위기를 만든다는 사실을 알게 돼. 하찮은 이야기나 시답지 않은 의견에도 'ㅋㅋ'를 잽싸게 날리는 거지. 두 자음 'ㅋㅋ'은 '네 이야기 잘 들었어, 너를 존중해'라는 관대한 기운을 뿜어주는 언어거든. 상대의 반응을 먹고 마시며 우리는 조_ㄴ마한 용기를 키우게 돼. 박수 부대는 아니더라도 매일매일 반응하는 연습을 하다 보면 꽤 건강한 창의적인 인간이 될지도 몰라.

모든 사람은 창의성의 씨앗을 선물로 받고 이 땅에 태어났어. 다들 본능적으로 뭔가를 만들고 짓고 생산하는 걸 즐거워하잖아. 백화점 진열대에 놓인 상품, 건물 뒤에 쌓인 쓰레기더미, 대륙간탄도미사일ICBM을 봐. 갓난아이들만 봐도 그렇잖아. 뭔가를 열심히 만드는 일이 지치지 않나 봐.

우리가 학교에 다닐 때 말이야. 열심히 색연필로 뭔가를 끄적이고 병뚜껑으로 우주를 만들고 짝꿍과 낄낄대며 온몸을 휘며 소리치고 떠들었는데, 언제부터인가 그 재미가 뚝 끊긴 게 참 기묘하지. 슬프다고 해야 할까. 느닷없이 불쑥 찾아오는 시험과 평가 때문인지도 몰라.

틀리면 안 되거든. 망치면 혼나거든. 말도 안 되는 것을 말하면 누군가가 '쓸데없는 소리 집어치우고' 하며 그 재미 상자의 뚜껑을 확 닫아버리거든. 쓸데없는 짓은 하지 않는 게 좋다는 것을 알게 되면서 육신과 영혼은 뻣뻣하게 굳어버리고, 언제부터인가 태어날 때 품었던 창의성의 씨앗은 비쩍 마르고 닳아서 물을 줘도 못 자라는 것 같아. 흑흑.

한 명의 훌륭한 크리에이터가 다수의 제너럴리스트를 계몽하고 이끌면서 창의 조직을 만들 수도 있지만, 다수의 제너럴리스트가 모여 서로 기운을 북돋우면서 창의 조직을 만들 수도 있어. 다만 끊임없이 규칙을 지키고 보살펴야 겨우 창의 조직을 유지할 수 있지. 자기 마음에 안 든다고 무반응으로 먹먹한 공기를 만든다거나, 여럿이 보는 앞에서 누군가를 꼭 집어 훈계하면 창의 공기로 가득했던 숲은 가루처럼 바스러지거든. 내가 많이 망가뜨려서 잘 알아.

'집단 창작 시스템'이라 부르는 창의 조직을 만들고자 하는 이들을 위해 쓸데없는 Tip 몇 가지를 방출할게.

## TIP 1.

여럿이 앉을 때 위아래 위계가 절대 드러나지 않는 공간을 찾는다. 찾을 수 없다면 만든다. 둥그런 공간, 계단 모양의 공간, 늦게 왔을 때 어느 자리에 앉아도 마음이 편해지는 약간 뒤죽박죽 어수선한 공간이 좋다. 우두머리가 중앙에 앉고 나머지가 좌르르 일렬로 앉도록 설계된 공간은 불태운다.

## TIP 2.

'뭐 이리 어색해요, 이야기 좀 해봐요'라는 말이 절대 나오지 않도록 한다. 그 말을 듣는 순간 어색함은 더 신나서 만개하기 때문이다. 사회자를 정해 철저히 준비하거나 순발력 있는 사람을 리더로 세운다. 대화의 흐름이 원활히 흘러가도록 이끄는 누군가가 반드시 있어야 한다. 그런 사람을 모더레이터Moderator 또는 퍼실리테이터Facilitator라고 한다. 그런 사람이 없는 조직은 슬픈 조직이다.

## TIP 3.

쓸데없고 바보 같은 말, 말도 안 되는 장난기 섞인 말 들이 오가게 하라. 그런 말들은 웃음을 불러일으키고 공기를 순진하게 바꾼다. 자유로운 공기를 자주 경험할 때 창의 상자가 열리고 많은 가능성이 둥둥 떠다니게 된다. 그러면 서로 가능성을 주워 담느라 시간 가는 줄 모를 거다. 말 되는 똑똑한 소리만 하는 사람이 있걸랑 술을 먹이든지 간지럼을 태워주든지 내쫓아버리는 게 좋다. 그런 사람이 리더 중에 꽤 많을 거다.

### TIP 4.

비언어적인 소통을 자주 할수록 풍성한 교감을 나눌 수 있다. 말 못 하는 사람에겐 종이와 펜을 주고, 여러 사람 앞에서 이야기하는 걸 부끄러워하는 사람이 있다면 망토 같은 것으로 얼굴을 가려준다. 손을 잡아주고 옆에서 붙어 앉아서 '그래, 그래, 맞아' 하고 맞장구치며 끄덕이는 걸 반복한다. 다 같이 누워서 천장을 바라보며 이야기해도 은근히 재밌을 거다. 코 골면 얼굴을 살짝 옆으로 돌려준다.

### TIP 5.

토론할 때는 미리 제비뽑기해서 무작위로 찬성팀과 반대팀을 만든다. 찬성팀은 무조건 찬성 의견을 만들어 우기고, 반대팀은 무조건 반대 의견을 그럴싸하게 만들어 우기면서 팀끼리 싸우면 된다. 이렇게 하면 감정이 상하지 않을 뿐 아니라 싸워도 재밌다. 어차피 찬성파 연기와 반대파 연기를 하는 것이기 때문이다. 자신의 솔직한 마음을 가리면서 할 말은 다 할 수 있게 된다. 나와 다른 상대의 입장을 객관화해서 이해해볼 수 있다. 똑똑하고 논리적인 사람이 토론을 잘한다는 생각은 이제 안녕. (지면 감정만 상할 뿐)

## TIP 6.

퇴근할 때 인사하지 않는다. 일이 다 끝나면 기체처럼 증발하자. 야근하는 사람에게 괜히 미안해하지 않아도 된다. "누가 먼저 갔네" "일이 없나 보네" "인사는 하고 퇴근해야 조직이지." 그딴 소리를 하며 깨알 같은 신경을 쓰다 보면 쾌속 급행열차를 타고 꼰대 마을에 도착하게 된다.

## TIP 7.

생각을 눈에 보이게끔 하는 게 진짜 중요하다. 우리는 무의식적으로 보이는 것에 이끌려 영향을 받고 산다. 눈에 안 보이면 다 까먹는다. 아웃 오브 사이트, 아웃 오브 마인드 Out of sight, out of mind. 커다란 보드나 칠판, 낙서할 수 있는 유리창 같은 것들을 주변에 놓아두고 수시로 뭐든 그리고 붙이고 떼고 누구나 그것을 건드릴 수 있도록 주변 환경을 꾸민다. 뭔가 계속 바뀌는 것이 보여지고 느껴지게 주변 환경을 만드는 게 좋다. 일부러라도 누군가가 계속 지우고 붙이고 마중물을 부어야 한다. 집단 창작 시스템은 저절로 쉽게 움직이지 않는다. 정성과 희생이 필요하다. 오늘 뜯은 과자 봉지라도 어딘가에 붙여놓자. 오랫동안 건드리지 않으면 아무도 안 건드리고 결국, 생각도 멈춘다.

## TIP 8.

'보고' 말고 '공유'하자. 누군가에게 보고할 때 기본적으로 매끄럽게 다듬는 과정을 거치게 되는데, 흠 잡히지 않으려 그럴싸한 보고서를 작성하게 된다. 물론 그런 보고가 필요할 때도 있다. 하지만 창의적인 생각은 완성된 결론과 목차가 아니라 거칠고 불완전한 맥락에 숨어 있기 마련이다. 수백 페이지면 어떤가. 모든 흐름을 기록하고 공유하고 본인이 고민한 포인트에만 표시를 해두면 된다. 여럿이 아무 때나 공유 문서를 스크롤하면서 참견 댓글을 달고 '좋아요'를 누르는 자체가 훌륭한 집단 참견, 집단 창작의 흐름이다. 흐름이 재밌으면 수천 페이지도 읽을 만하다. 그러면 결론을 어떻게 내고 결정은 어떻게 하냐고? 민주적인 방법도 있고 독선적인 방법도 있다. 단, 의사결정권자가 주절주절

공유 문서를 다 읽고 즐거워할 만한 여유가 있어야 한다.


**TIP 9.**

집단 창작 시스템은 알게 모르게 꽤 많은 공이 들어간다. 아무리 노력해도 티가 잘 나지 않으면서 노력을 멈추면 바로 사ㅡ라지는 희한한 시스템이다. 그리고 멈춘 흐름을 다시 활성화하는 데 어마어마한 에너지가 들어가서 금방 포기하고 낙담하게 되는 시스템이다. 누군가에게 그런 속성을 계속 설명해주고 알려주며 전수해줘야 한다. 누군가는 뒤에서 그 이유를 알고 헌신해야 하는데… 하하. 하하하.

영감 호출 문장 세 가지.
"이거 왜 그래요?"
"꼭 이렇게 해야 하는 거예요?"
"원래 뭐였어요?"

3장

본질에

집중한다

# 투명한
힘

**머리와 허와 행동이 따로 놀면 탁해져요**

1주일에 한 번씩 위클리 주간 업무 보고를 해. 팀원들끼리 졸망졸망 모여서 귀엽게 하기도 하고 부서장들끼리 모여서 무게를 잡으며 하기도 하지. 각자 알아서 일하도록 내버려두면 조금 불안하잖아. 그러니 불안해하지 않으려고 서로 얼굴을 보고 뭐 했는지 확인하며 지적질도 하고 공유도 하는 거지.

매주 왕성한 성과를 내면서 보고할 만한 건더기를 꾸준히 만들기는 힘들어. 회사원은 매일 새벽마다 달걀을 낳는 닭이 아니잖아. 때론 1주일을 공허하게 보낼 때도 있고 진척이 더뎌 끙끙댈 수도 있지. 1주일을 논다고 큰 난리가 나진 않아. 그런데 말이야. 회의는 꼬박꼬박해야 하거든. 사회생활이니까. 그래서 일터에서는 누구나 다 하면서도 모두가 하기 싫어하는 '형식적인 회의' '보고를 위한 보고'를 종종 하지. 꽤 흥미로운 시간이야.

예전에 내 윗분이 좀 독특한 분이었어. 대기업 전무님이라고 하기엔 외모부터 심상치 않았지. 긴 장발에 여행 다니듯 미니 트렁크 같은 것을 늘 끌고 다녔거든. 회의 시간에도 아무렇지 않게 게임을 하면서 회의를 주관

하는데, 참 멋지다고 생각했어. 일하는 '척'을 하지 않는 거지. 자신이 해야 할 일을 명확히 하고 자신감이 있으면 외모나 기이한 행동은 사실 전혀 중요치 않거든. 꼭 공부 안 하는 애가 큰 가방을 메고 다니거나 내용 없는 두꺼운 보고서를 들고 다니잖아.

그때 1주일에 한 번씩 윗분과 부서장 예닐곱 명이 유리 테이블에 둘러앉아 재미없는 주간 업무 보고를 했어. A4 용지에 구성원들이 한 일을 적은 텍스트와 통계를 돌아가며 발표했지. "저희 부서는 지난주에 이러쿵저러쿵했습니다. 다음 주는 이러쿵저러쿵할 계획입니다. 이상입니다." 같은 영혼 없는 직장인의 멘트를 했지. 윗분이 끄덕끄덕하면 그 의미를 해석하는 부서장들의 눈빛이 '스르르' 흘렀고.

나는 그 회의가 별로 재미없더라고. 대부분 쥐어짜듯 업무 보고를 하는 게 억지스러워 보였어. 그래서 어느 날, 이렇게 말했어. "저는 보고할 게 없습니다. 놀진 않았습니다. 패스—" 윗분은 아무렇지 않아 했어. 오히려 'OK, 좋아'라는 반응을 해줬지. (충분히 그럴만한 분이란 걸 알아서 일부러 그렇게 했어) 나와 윗분은 아무렇지 않은

데 오히려 다른 부서장들이 나를 바라보며 '넌 뭔데?' 하는 의아한 표정을 지었어. 특별히 한 일이 없어도 억지로 구색을 갖추어 보고할 거리를 만들어왔는데 '누군 그러고 싶지 않냐' '너만 잘났냐' 하는 분위기가 느껴졌지. '임금님 옷 멋지다'라고 서로 거짓말하기로 다 짰는데, 한 사람이 '옷이 안 보이는데요'라고 진실을 말할 때 판깨지는 소리가 '띠링' 들리는 상황이랄까.

회의가 끝나자 어떤 부서장이 말했어.

"그렇게 해도 되는 거였냐? 좀 놀랐다. 난 혼날 것 같아서 못 하겠다."

주간 업무 보고는 쓸데없는 루틴처럼 보이기도 해. 뭔가 한 것같이 보이도록 쥐어 짠 걸 정기적으로 이야기하는 것이거든. 특별한 건이 없다면 메신저로 '휘리릭' 용건만 보고해도 되잖아. 기왕 만나서 얼굴을 본다면 오순도순 의미 있는 잡담을 하거나 잠깐 밖에 나가서 다같이 산책하는 게 낫지.

회의의 목적은 서로의 생각과 계획, 마음을 하나로 흐르게 하는 것이잖아. (의사결정권자의 마음을 진정시키는 것이 회의의 목적이라고도 말하는 사람도 있지만 글쎄…) 특정 누군가에게 보고하고 자기 순서가 끝나면 멀뚱히 딴짓하면 공허하지 않나? 남 이야기가 의미 있게 들리기만 해도 전체를 가늠할 수 있고, 멀게만 느껴지던 남 일이 내 일과 어떤 관계가 있는지만 알아도 회의는 꽤 할 만하거든.

그래서 리더는 회의의 중심을 잘 잡고 서로 막힘이 없도록 계속해서 문을 열어주는 역할을 해야 해. 어쩌면 그게 다인 것 같아. "보고할 게 없습니다"라고 말했을 때 버럭 화를 내거나 기분 나쁜 말투로 맞받는다면, 그 회의의 주관자는 어둡고 무거운 멍에를 공동체에 씌우는 거겠지. 회의를 위한 회의를 하게 만드는 주범이 되는 거지. 눈치를 보게 하는 힘의 근원을 만드는 주범, 투명한 이야기의 싹을 '싹둑' 자르는 어두운 힘 같은 존재가 되는 거야.

회의를 어떻게 하는지 보면 그 조직이 얼마나 건강한지 알 수 있어. 여기 두 회사가 있어. 먼저 한 회사의 사례야. 구성원들끼리 칠판에 낙서하며 회의하고 있는데 상사가 훅 들어왔어. 회의를 멈추지 않고 계속 깔깔

거리며 이야기를 이어가. 상사는 회의의 흐름을 깨트리지 않고 조용히 구석에 앉아 즐겁게 이야기를 듣지. 건강하고 투명한 회사야. 쓸데없이 리더를 두려워하지 않고 무엇이 중요한지를 알아. 다 같이 몰입하는 게 가장 중요한 일이라는 걸 머리로도 알고 겉으로도 증명해. 그 투명한 쾌감이란 캬—

한편 다른 회사의 모습은 정반대야. '創意와 協力'이라고 적힌 현판이 걸린 회의실에서 회의하고 있는데 상사가 '덜컥' 들어오자 삽시간에 정적이 흘러. 구성원들이 회의를 멈추고 일어서서 문 쪽으로 몸을 돌려 인사해. 윗분은 당연하다는 듯 인사를 받고 흐뭇해하며 누군가가 중앙에 놓은 의자에 앉아. 쫀득한 밀가루 반죽 같은 회의가 돌연 3일 지난 반죽처럼 굳어버리는 순간이야. 쇼가 시작돼. 벽면에 걸린 현판은 부끄러워도 숨지 못하고 이미 굳어버려서 움직이지도 못하고 무덤 속 벽면에 회칠한 벽화 같은 것이 되었거든.

우리는 많은 걸 배우고 훈련받아서 '그럴듯해 보이는 것'이 뭔지를 알아. 진정성이란 단어가 좋은 것도 알고 예절이란 의미가 좋은 것도 알지. 게다가 "격의 없이 대화하자"라는 말에 '좋아요'를 누를걸? "형식적으로 하지 마"라는 잔소리를 수만 번쯤 들었고 따라 했을 거야. 우리는 좋은 것이 뭔지 머리로는 잘 알아.

그런데 현실에서 좋은 것이 다 따로 놀아. 좋은 깃을 조합하지 못하고 투명하게 증명하지 못해. '진정성+예절+격의 없는 대화+본질적인 소통'이 합쳐지는 순간, 기괴한 분위기가 연출되며 불투명한 제스처를 하는 거야. 그걸 사회생활이라 말하면서 말이지. 처음엔 불투명한 제스처가 조금 불편하더라도 그것을 반복하다 보면 당연하게 여기지. 참 신기한 일이야.

가끔 등장하는 투명한 인물들은 그래서 경이롭고 특별한 기운을 발산하지. 순수해 보이고 어리석어 보이지만 꽤 신선해 보이거든. 머리와 혀로 좋다고 말한 것들이 행동으로 나와서 우리를 무색하게 만들기 때문이야.

투명한 힘은 훈련하여 길러진 것일까? 천성적인 축복일까? 깨닫고 실천하여 단련된 것일까? 거룩한 용기에서 비롯된 것일까? 그런 투명한 축복은 왜 공동체에 덜 주어지는 것일까? 계속 유지되고 전이되면 자연스레 그런 투명한 힘을 발산하는 것일까? 어떤 제도를 마련해야 할까? 리더의 품성과 구성원의 마음밭이라는 미궁의 영역에서 우연히 발생하는 것은 아닐 텐데 말이야.

때때로 훌륭한 에세이나 감동적인 책들을 보면 저자가 궁금해서 만나고 싶어. 좋은 모습만 멋지게 편집한 인터뷰 기사를 보고 저자의 전모를 알 수는 없잖아.

어떤 출판사 기획자를 만난 적이 있는데, 그분이 꽤 많은 유명 저자와 일을 같이 한 분이어서 대뜸 이런 질문을 했어.

"이분, 이분, 이분하고도 일하셨군요. 책의 내용과 그분들의 삶이 실제로 같던가요?"

"아, 음… 반은 같고 반은 아니기도 해요."

불투명한 질문에 투명한 답을 듣고 나서 내 존재도 그리 투명하지 않을 거란 생각을 했어. 오늘도 내일도 나는 반투명과 불투명과 투명이 짜깁기된 옷을 입고 수북한 회의를 하는 사람일 테지.

# 일 잘하는
# 척하는 법

**일 잘하는 법이 아니라**

멀리서 보면 할 만한, 하지만 직접 해보면 오만 가지 신경을 써야 하는 것. 우리가 밥 먹고 살 수 있게 해주는 것. 여덟 시간 넘도록 재미없는 뭔가를 계속하게 만드는 것. 그게 바로 일이야.

내 명함에 'CCO Chief Creative Officer(최고 크리에이티브 책임자)'라는 직함이 붙어서인지, 사람들이 나보고 "재밌는 일을 해서 좋겠다"라고 말해. 재미없진 않지. (주간 업무 보고서라는 말만 들어도 재미가 솔솔 느껴지지?) 남에게 '이거 이렇게밖에 못 하나?' '이렇게 좀 해보지 그래'라고 훈수를 두기 쉽지만 내가 직접 그 일을 해보면 쉽지 않잖아. 그래서 미국의 작가 스터즈 터클은 그의 책《일》에서 "일은 누구나 하고 싶어 하지만 모두 하기 싫어하는 아무나 하지 못하는 것"이라고 말했어.

매일 출근하는 게 무척 행복하고 일이 재밌다고 말하는 사람을 보면 좀 재수 없겠지. 하지만 그 이유를 조금이라도 알 수 있다면 나도 누군가에게 재수 없고 부러운 대상이 될 수 있어. 경이로운 눈빛으로 "정말 일이 재밌다고요?"라고 묻는 사람의 표정을 생각해봐. 괜히 어깨가 으쓱한다니까.

일 잘하는 법을 알려주는 책들은 서점에 많아. 그래서 일 잘하는 척하는 법을 이야기해볼게. '척'의 뜻은 '그럴듯하게 꾸미는 거짓 태도나 모양'이야. 가짜라는 거지. 진짜인 척하는 가짜라니 흥미롭지 않아? 일 잘하고 싶은데 처음부터 잘할 수 없다면 척이라도 해보면서 칭찬을 받아야지.

척하는 법을 배우기 전에 이걸 알아두면 좋아. 일의 종류만큼 일 잘하는 방법도 다양한데 말이야. 그 일이란 것이 누군가의 의도와 계획, 목적 때문에 생긴다는 사실을 알아야 해. 자신이 일을 만드는 경우보다는 누군가 시킨 일을 하는 경우가 훨씬 많을 거야. 돈 벌기가 쉽지 않은 세상에서 남이 시킨 일을 하는 게 갑갑하지만 대가가 꼬박꼬박 돌아오니, 월급쟁이가 속 편하다고들 하잖아. 일한 것보다 많은 돈을 받으면 기분이 좋고 말이야. 그리고 일은 나를 위해 하는 것이 아니라 남을 위해 하는 거야. 취미와는 달라.

일 잘하는 척하는 법의 기초는 따라 하기야. 겉으로 보이는 것들을 따라 하면서 성취감과 부끄러움의 파도를 동시에 타면서 앞으로 나아가는 거지. 주위에 일 잘하는 사람을 본 적 있지? 같은 일을 해도 남다른 사람을 보면서 나도 많이 배워. 참 재주도 다양해서 '어떻게 같은 일을 저렇게 할 수 있을까?' 하는 존경심을 불러일으켜. 그런데 내가 원한다고 그 사람이 될 수는 없잖아. 그래서 그 사람의 겉모습이라도 따라 해보는 거지.

일 잘하는 척하는 법이 스물세 가지가 있는데 네 가지로 압축해서 알려줄게.

### 방법 1.

일 시킨 사람에게 인정받아야 해. 그 사람은 자신이 원하는 것을 제대로 하는지 안 하는지 계속 지켜보기 때문에 그 시선을 이겨내는 척해야 해.

가장 대표적인 척은 그럴듯하게 상사의 눈에 들도록 몸부림치는 거야. 상사가 늦게까지 일할 때는 내 일이 끝났더라도 기어코 야근하는 거야. 적당한 시점에 상사에게 비타민 음료를 건네주며 존경의 눈빛을 던져봐. 목표 완수보다 눈앞에 오래오래 띄며 충성심忠誠心을 보여주는 게 효과가 좋거든.

충성심이라는 말, 알지? 충성하는 척하는 게 일이라니 우습겠지만 회사에서는 이것이 매우 강력하게 작동해. 참 신기하지. 상사의 눈앞에 오래오래 있는 것을 일 잘하는 첫 번째로 꼽던 시절도 있었어. 지금은 많이 달라졌지만 여전해.

내가 에이전시에서 일할 때 클라이언트를 섬겨야 했거든. 갑, 을, 병, 정에서 나는 정의 정을 담당했지. 나의 고객이신 대기업 과장님은 토요일마다 나를 사무실로 불러 30~40분씩 시답잖은 이야기를 했어. 전화로 해도 될 이야기를 굳이 오라고 해서 하는 이유를 나중에야 알았지. 그 과장님의 상사가 임원인데 토요일에 출근하더라고. 그래서 그 임원의 시야가 닿는 자리에서 일부러 회의한 거야. 쇼한 거지. 그게 내가 본 일하는 척의 가장 아름다운 모습이었어. 너무 아름다워서 멀미도 나고 토할 뻔했어.

내가 다닌 여섯 번째 회사가 대기업이거든. 그 회사 사람들은 사장님이 회식하자고 하면 '우르르' 다 따라가곤 했어. 사장님이 노래할 때 팔도 단체로 흔들었지. 회의할 때는 마음이 하나도 맞지 않아도 그 자리에서는 어찌나 팔 모양이 딱딱 맞던지, 놀랍더군. 그 회사에서의 첫 회식 때였어. 노래방에 갔다가 밤 아홉 시가 넘어서 집에 가야 한다고 사장님께 인사하고 나오다가 매서운 눈초리에 섬찟 놀랐지. '저게 지금 제정신이냐' 하는 눈화살이 날아오는데 얼굴에 구멍이 뻥 뚫리는 줄 알았어.

그 후로 나는 그놈의 충성심 쪼가리를 꾸준히 모으지 못했는데도 무려 8년이 넘도록 그 회사에 다녔어. 운이 좋았나 봐. 그때를 떠올려보면 나는 일을 참 못했지. 일을 아주 못한 거야. 충성하는 척을 못했으니까. 지금도 충의 기술을 발휘하는 친구들을 보면 존경스럽기도 징그럽기도 해. 충성하는 척은 나름 인정받기 위한 필수 기술이야.

**방법 2.**

같은 언어를 써봐. 일 시킨 사람은 자신과 코드가 맞을 때 일이 잘 돌아간다고 생각해. 코드가 맞는 사람에게 계속 기회를 주는 것 같아. 성과가 미약해도 말이야. 코드를 맞춘다는 건 굉장한 센스와 눈치, 정글 속에서 생존을 지속하는 초감각의 영역이지. 까다로운 리더 곁에는 코드를 잘 맞추는 누군가가 항상 있거든. 힘과 기회를 거머쥔 오른팔, 왼팔 같은 사람이지. 초감각이 없다면 코드를 잘 맞추는 사람을 흉내 내면서 상사의 코드를 맞추는 연습을 해봐. 상사가 사용하는 언어를 똑같이 따라 해보는 훈련이 도움이 될 거야.

사람마다 쓰는 언어가 다르잖아. 상대의 언어를 따라 하다 보면 상대는 자기의 말을 이해했다고 느끼는 듯해. 그래서 상대가 쓰는 말을 이해하지 못해도 일단 따라 해봐. 그러면 '이 사람이 내

말을 이해했나 봐'라고 착각하고 나를 신뢰하게 되지. 일 잘하는 사람처럼 보일 수 있어.

예를 들면 일 시킨 사람이 "내일까지 이 과제를 인티그레이티드한 설계로 구조화한 프로토콜을 익스팬드한 후에 장 보드리야르가 말한 기호적 소비를 밸류 체인의 방법으로 해결한 리포트를 갖고 와라"라고 말하면, "네, 알겠습니다. 팀장님. 인티그레이티드한 설계로 프로토콜을 사용한 다음에 밸류 체인으로 정리해보겠습니다"라고 대답하면 돼. 자신감 넘치는 눈빛과 여유 있는 태도로 알아들은 척하는 거야. 알아들은 척 대답했는데 사실 제대로 이해하지 못했을 때는 어떡하느냐고? 걱정은 나중에 하고 일단 자신감을 가지고 따라 하다 보면 일은 어떻게든 굴러가. 척하는 게 중요하다고 했잖아.

이 이야기에는 근거가 있어. 1800년대 후반에 스위스의 언어학자이자 근대 언어학의 아버지라 불리는 페르디낭 드 소쉬르라는 분이 있었거든. 소쉬르는 언어를 통해 세상을 이해하는 법을 잘 분석했대. 어려운 말이긴 한데, 개념을 나타내는 언어를 시니피앙 Signifiant(기표), 언어에 의해 표시되는 개념을 시니피에 Signifie (기의)로 설명했대. 예를 들면 비를 표현하는 풍부한 언어가 있어. 가랑비, 작달비, 찬비, 흙비 등 다양한 시니피에는 그에 부합하는 시니피앙을 가져. 사랑도 마찬가지야. 그리스어로 사랑을 다양하게 불러. 에로스 Eros(부부, 연인 간의 성적 사랑), 스토르게 Storge(가족 간의 사랑), 필리아 Philia(친구, 동료, 인간에 대한 사랑), 아가페 Agape(신과 인간의 사랑) 등 여러 종류가 있지.

그러니까 언어가 풍성하면 같은 세상을 훨씬 풍성하게 볼 수 있어. 소쉬르는 "그 사람이 쓰는 언어의 틀에 의해서 그 사람의 세계를 파악할 수 있다"라고 했어. 정말 훌륭한 언어학자야.

인간은 언어에 갇힌 존재라고 할 수 있어. 언어 체계가 세계를 인식하고 다르게 구성하고 규정하지. 우리는 언어를 사용해서 생각하고 소통하고 상상하잖아. 언어가 빈약한 사람은 한정된 어휘로 세상을 표현하고 얕게 인식하지. 반면, 언어가 풍부한 사람은 많은 어휘로 세상을 미세하고 세심하게 분별하고 파악하여 풍성하게 인식하지.

일 잘하는 척하려면 나와 다른 사람, 특히 상사에게 잘 보여야 한다고 했잖아. 그 사람의 어휘를 따라 하다 보면 그 사람이 세상을 바라보는 관점을 대충 엿볼 수 있어. 또 디자이너와 개발자, 기획자와 마케터가 쓰는 언어가 다르잖아. 다른 직군의 언어를 따라 해보면 서로를 더 이해할 수 있겠지? 한국말이 어눌한 외국인이 한국말을 노력해서 쓰는 느낌을 생각해봐.

## 방법 3.

일 잘하지 못하더라도 일 잘하는 사람처럼 보이는 방법이 있어. 링크드인 Linked in이나 페이스북, SNS를 잘 활용하는 거야. 중요한 일을 근사하게 처리한 것처럼 전문 용어가 섞인 문장을 많이 쓰는 거야. 회사 일이 아무리 거지 같아도 나 자신을 북돋는 맺음말을 써봐. '보람차다' '의미 있다' '내일도 파이팅이다'

내 일을 콘텐츠화해서 자랑을 해봐. 깊은 고민을 하며 어려운 일을 해결한 듯한 인상을 줄 수 있어. 아주 효과가 좋아. 같이 일해보지 않은 사람들이 나를 일 잘하는 사람으로 알 테니 좋잖아. 내가 모시는 상사가 그 소문을 살짝 들으면 나를 더 인정해줄지 누가 알아? 다른 회사에서 나를 핵심 인물로 보고 스카우트 제의를 할 수도 있지.

척의 백미는 반복된 이미지에 있다는 사실을 기억해. 회사에서 옷을 멋지게 입고 앞에 나가서 발표한다면 동료한테 사진을 꼭 찍어달라고 부탁해. 무대 앞에서 발표하는 사진을 SNS 프로필에 올린다면 지적이면서 전문가다운 이미지를 고양할 수 있어. 스스로 경탄하게 될 거야. 남는 건 사진밖에 없다고 누가 그러더라. 보이는 결과가 중요해.

**방법 4.**

일 잘하는 척하는 고급 기술이 있어. 신중하게 주의하여 사용하길 바라. 일이 풀리지 않아서 동료들과 골치 아픈 소통을 할 때가 있지? 그때 헛기침을 한번 하고 이 말을 꺼내봐.

"본질적으로 말이야."

무게감 있고 빛나는 말이지. 이 말을 쓰는 순간 주목받을 거야. 보통 일할 때 'How'를 주로 말하고 'Why'를 자주 말하지는 않아. 일이란 것은 실제적이고 바로 확인 가능한 지표로 평가받거든. 그런 속성 덕에 실무에서는 '본질 찾기'보다 '문제 해결'에 집중하지. 그래서 "본질적으로 말이야"라는 말을 쓰는 순간 뭔가 있어 보일 거야.

본질은 눈에 보이지 않고 밖으로 드러나지 않아서 바로 증명할 수가 없잖아. 그래서 그 말끝에 아무 말이나 멋지게 붙여서 내지르면 돼. "본질적으로 말이야. 그 문제는 인간의 상호작용에 관한 내면의 다층적 위계에서 비롯했어" "본질적으로 말이야. 그 문제는 우주적 공황 상태의 시작이야" 같은 식으로 말이야. 이 말을 듣고 상대가 고개를 끄덕이면 알아들은 것을 인정해주는 시늉을 해. 지혜의 선각자처럼 모든 것을 통달한 표정을 지으면서 말이야. 반면, 상대가 갸우뚱한다면 '이 말을 이해하지 못한다니!' 하는 무언의 눈빛을 날리며 살짝 무시하며 우쭐대는 거지.

그런데 이 말을 쓸 때 한 가지 주의사항이 있어. 고수들 앞에서 이 말을 썼다간 참변을 당할 수 있거든. 만만한 동료들이나 후배들 앞에서만 써먹길 바라. 그러다가 어느 순간 본질에 대해 깊이 생각하는 날이 올 거야. 회사에서 줄곧 본질을 말했지만, 문득 본질이 뭔지 모르겠는 부끄러운 순간이 찾아올 거야. 지식을 쌓고 열성을 쏟는다고 본질을 깨닫기는 어렵기 때문이지. 부끄러워할 줄 아는 때가 너무 늦지 않게 오기를 바랄 뿐이야.


척하는 건 인정받기 위해서 하는 행동이야. 밥벌이 해야 하고 승진해야 하고 의미를 얻으려고 힘든 일을 아무렇지 않게 하는 거지. 일 잘하는 척하다 보면 정말 일 잘하게 되고 내 분야의 경지에 도달할 수 있을까?

나는 오랫동안 한 가지 일을 변함없이 해온 장인들을 존경해. 늘 같은 자리에서 험한 감정을 누르며 꿋꿋하게 일해온 분들에게 경외감마저 느껴. "이 일을 어떻게 오랫동안 한결같이 하실 수 있었어요?"라고 그분들에게 물으면 척하지는 않더군. 힘들다고 하고 별거 아니라고 하고 나름의 내공을 담담하게 말할 뿐이야. 그 경지에 오르기 전까지 우리는 부끄러운 존재일 수밖에 없지. 부끄러움을 느낀다는 건 건강하다는 증거야. 척하며 살면서 부끄러워하지 않는 존재는 슬프잖아. 언제쯤이면 척하지 않고 자연스럽게 일할 수 있을까? 무기력한 순간이 경이로운 순간으로 바뀔까? 그 미래가 지금 당장이면 좋을 텐데. 아, 부끄러워.

# 일 못하는
# 척하는 법

**일 잘하는 법이 아니라니까**

일 잘하는 척하는 법은 누군가에게 잘 보여서 마음을 얻고 기회를 얻는 술책이야. 반면, 일 못하는 척하는 법은 일 중독에서 벗어나고 피곤에서 벗어나는 계략이야.

역량이 출중해서 일만 했다 하면 다른 사람 몫까지 모조리 휩쓸어버리는 사람이 있어. 그런 사람은 삶이 피곤할 수도 있잖아. 칭찬도 한두 번이지. 맨날 칭찬을 받으며 일만 죽어라 하면 영혼이 비쩍 마르고 영육의 건강이 뒤흔들릴 거야.

적당히 선을 긋고 워라밸Work-Life Balance의 '워크'에서 '라이프'로 인생 축을 옮겨보는 거야. (워크와 라이프를 반대 개념으로 나눈 것이 참 기이한 분류이지만 말이야) 일 잘해봤자 계속 일만 생길 텐데 적당히 평범하게 사는 것도 재밌겠지?

일 못하는 척하는 세 가지 방법을 추천해볼게.

**방법 1.**

기대감을 주면 안 돼. 놀라운 경험을 절대 주면 안 돼. 일 시키는 사람이 나에게 기대하면 앞으로 일이 더 많아지잖아. 그 기대의 언저리에서 살짝 김새게 만들면 기대감이 안 생기는 자유로운 존재가 될 수 있어.

시킨 일이 있다면 딱 그만큼만 하고 그 이상의 뭔가를 해내고 싶은 마음이 안 들도록 멍 때리기를 실컷 해봐. 일을 더 잘 해내는 방법이 떠올라도 꾹 참아야 해. 누군가 그러더라고. 멍 때리기를 하면 정신이 맑아지고 좋은 아이디어가 떠오른다고. 그때 생긴 아이디어는 쉿! 비밀이야. 누군가에게 절대 알려주지 않기를 바라. (그런데 일 시킨 사람이 나에게 얼마큼 기대하고 있는지를 어떻게 알 수 있을까?)


**방법 2.**

같은 일을 반복하다 보면 놀라운 기술이 생기고 고민을 적게 하면서 똑같은 성과물을 예측 범위 내에서 만들 수 있어. 모든 분야의 일이 대개 그래. 그것을 계속하는 거야. 절대 다른 방식으로 하면 안 돼. 괜히 망칠 수도 있고 성가시기만 할 거야.

머릿속이 게을러지는 것, 인지적 효율성 Cognitive Efficiency을 굳이 막으려 하지 마. 인간의 본성을 거슬러봤자 도전과 성취감 같은 신비로운 기분만 느낄 게 뻔하거든. 기술을 반복하면 일을 대충 잘하는 것 같고 어려웠던 일이 만만해 보이는 상태로 바뀌게 되지. 그 상태를 즐기면 충분해. 문제를 만들지 않는 게 평화롭고 적당히 사는 데는 최고거든.

누군가가 시작해서 대물림된 허접한 반복 업무를 오늘도 누군가는 하고 있을 거야. 사실 굳이 그렇게 안 해도 되는 것을 그렇게 하는 경우가 많지. 그런 상황을 보면 나서지 말고 참기를 바라. 그 일의 책임자가 되는 날이 오더라도 심각하게 생각하지는 마. 내가 힘들게 했던 일을 누군가 쉽게 해버리면 속만 상하고 배만 아플걸? 묵묵하게 성실하게 일하면 언젠가 꼭 좋은 날이 올 거야. 100년 후쯤 그런 날이 오려나?

**방법 3.**

일하다가 막히거나 '왜 굳이 이렇게 해야 하나'라는 의문이 들 때 절대 질문하지 마. 질문하는 순간 일이 많아지고 어려운 단계로 들어가게 돼. 아마 질문하는 순간 여러분의 우아한 상사가 핀잔을 늘어놓을 게 뻔하고 동료들은 성가신 표정을 지을 수 있어. 서로를 배려하는 차원에서 포털 사이트나 유튜브에 질문을 검색해보자. 검색해서 답을 찾을 수 없으면 미스터리라고 생각하자. 새로운 것을 깨달아도 아는 척은 금물이야. 겸손하고 낮은 자세로 묵묵하게 지내는 것이 각박한 경쟁 사회에서 적을 만들지 않는 평화로운 태도이기 때문이지.

질문은 또 다른 질문만 만들고 그 질문을 풀기 위해 하염없이 일만 하다가 일 중독자가 되면 얼마나 슬프겠어. 밸런스를 지키라고들 하잖아. 적당히 균형을 잡았을 때 휴가일만 기다리는 정중동靜中動의 타이밍이 오리라 믿어. 그때 이런 질문 하나쯤 해도 괜찮을 것 같아. '나중에 내 후배가 나를 보며 놀랍도록 일 못하는 척하는 기술을 전수해달라고 하겠지? 어떻게 해야 진정성 있게 알려줄 수 있을까?'

아, 부끄러워.

부끄러워해.

부끄러워해야 해.

부끄러움이 없으면

앞으로 나아가지 못해.

# 척하는 삶에 대한 Q&A

**정말 궁금해서 그래**

'일 잘하는 척하는 법'과 '일 못하는 척하는 법'을 읽은 후, 여러분은 이런 궁금증이 생길지도 몰라. 그래서 일 잘하는 척하라는 거야? 일 못하는 척하라는 거야?

여기 이것저것이 궁금한 자(이하, 궁)와 척척박사(이하, 척)의 대화를 보면서 답을 찾기를 바라.

**궁** 궁금해요. 척(하는)척박사님.

**척** 박사는 아니고 석사 정도 됩니다만. 무엇이 궁금?

**궁** 저는 회사에서 월급을 받고 일하는 사람인데요. 앞서 말한 일 잘하는 척하는 방법들을 한 줄 한 줄 밑줄 치며 읽었고요. 꼭 써봐야겠다는 생각을 했어요. 좋은 이야기 같기도 하고 반어법 같기도 한데요. 정말 사용하라는 건가요? 사용하지 말라는 건가요?

**척** 부끄러워 해보라는 이야기입니다. 척을 오래 하다 보면 가짜처럼 살아도 진짜인 줄 알 테니까요.

**궁** 가짜인 척은 나쁜 것이고 옳지 못한 것인가요?

**척** 가짜인 척하면서 진짜가 될 수 있다면 가짜는 필요할 수도 있겠네요. 누구나 가짜의 시절을 통과하며 진짜의 모습으로 성장하는 법이니까요.

🔵 진짜와 가짜는 어떻게 구별하나요?

🔴 진짜를 만나면 가짜를 바로 알 수 있습니다. 그냥 척! 하고 압니다. 순금을 만져본 사람은 도금인지 순금인지 바로 알잖아요.

🔵 진짜를 못 만나면요?

🔴 계속 갈팡질팡하면서 살겠지요. 금칠한 도색도 반짝이고 좋아 보일 테니까요. 자신이 헷갈리는 것조차 모르기 때문에 가짜에 크게 실망할 일도 없을 거예요.

🔵 본질을 추구하면 뭐가 좋나요?

🔴 좋은 것을 바로 알 수는 없는 것 같아요. 본질을 추구하는 건 장기적인 목표에 가깝습니다. 열매가 쉽게 맺히지 않을뿐더러 당장 득이 된다는 느낌도 없으니까요. 퍼포 먼스라는 겉모양에 가려 본질은 대개 안 보이지요. 겉모양이 근사해 보일수록 단기적인 문제 해결이 잘 된 것처럼 느껴지니, 많은 사람이 본질을 그리 추구하지는 않습니다. 말로는 중요하다고 하면서도요.

🔵 본질을 추구하지 않아도 충분히 살만하다는 뜻이네요. 본질을 이야기하면 어렵기만 하고 머리가 복잡해지기만 해요. 인생을 괜히 어렵게 살 필요가 있을까요?

🐹 본질을 깨달으면 인생의 어려운 부분이 쉽게 풀린다고 생각해요.

🐰 (갸우뚱) 어떻게요?

🐹 핵심을 건드리면 쓸데없는 것들에 신경을 안 써도 되잖아요. 재밌는 이야기를 해줄게요. 2021년 10월 미국 뉴욕시가 공립도서관의 모든 연체료를 탕감하고 징수하지 않기로 했어요. (미국의 모든 도서관은 연체료를 징수하지요) 도서관을 떠난 지 한참 된 책, DVD 등 대여품뿐 아니라 사람들까지 돌아오게 된 일이 있는데요. 맨해튼, 스태튼아일랜드, 브롱크스 지점에는 약 2만 건이, 브루클린 지점에는 약 5만 건이 반납됐대요. 도서관을 찾는 사람도 눈에 띄게 많아졌고요. 신기하지요? 만일 궁 님이 도서관을 운영하는 사람이라면 대여품을 제대로 회수하기 위해서 어떤 일을 하겠어요?

🐰 연체료를 강화하거나 연체자 추적조사를 하거나, 대여 규제를 강화하겠지요. '반납 안 하면 죽어'라는 시뻘건 스티커를 대여품에 크게 붙이고, 반납해달라는 지역 광고를 하고, 외부 전문가('떼인 돈 받아드립니다. 전화번호를 저장해놓으세요')를 섭외하고, 이런저런 대책을 세우고 실행하지

않을까요?

**척** 그렇군요. 맞아요. 대개가 그렇게 일을 하지요. 문제의 현상을 해결하는 정책, 표면적인 실행 방안들을 만들어 빠른 효과가 나타나길 바라지요. 하지만 이런 정책과 방안은 본질을 따져보지 않은 것이지요. 반면, 뉴욕시는 본질을 건드렸어요. 오히려 '연체료를 없애는 (말도 안 되는) 결정'을 했더니, 사람들은 미반납을 부끄러워하고 도서관의 너그러움에 감사를 표하면서 집에 둔 대여품을 만지작거리기 시작했지요. 이런 일을 결정한 뉴욕시의 공립도서관장 토니 막스는 이런 말을 했어요. "우리는 벌금 걷는 사업을 하는 게 아니에요. 사람들이 읽고 배우도록 돕는 게 우리의 일이지요."

**궁** 오왕! 멋지다.

**척** 멋지지요? 도서관의 본질을 곰곰 생각하면 쉽고 단순하게 해결책을 찾을 수 있지요. 쓸데없는 것에 에너지를 쓰지 않으면서 문제를 제대로 파악하고 해결하게 되지요. '도서관은 왜 도서관이지?' '도서관은 애초에 왜 생겼지?' 라고 질문하는 것이 시작일 텐데요. 그 단순한 것이 어렵지요.

**궁** (뭔가를 깨달았다는 듯, 졸린 듯 애매한 표정으로) Q&A의 본질은 무엇인가요?

**척** '질문에 적절한 답을 하는 것'이 'Q&A의 본질'은 아닐 것 같긴 해요. 혹시 뭐라고 생각하나요?

**궁** (눈동자를 좌우로 돌렸다가 눈을 찡그리며) 음… 궁금해서 묻는 거 잖…

**척** (웃는 척하며) 본질적인 정의는 그래서 어렵…

**궁** Q&A의 본질이 무엇인지 생각해본 적이 없어요. 질문하고 답하는 거잖아요. 이런 것까지 본질을 끌어들여 생각하는 건 너무 피곤해요.

**척** 맞아요. 피곤해요. '질문하고 답하는 것이 Q&A'란 정의는 현상에 대한 설명이지요. 누구나 다 아는 표면적인 정의라고도 하고요. 콘퍼런스를 하거나 발표를 하고 나면 반드시 Q&A를 하잖아요. 습관적으로요. 안 하면 안 될 것 같은 응당 필수템처럼요. 'Q&A를 왜 꼭 해야만 하지?' 'Q&A는 애초에 왜 생겼지?' 이런 질문을 해보면 이런 결론에 도달해요. 언제나 해왔던 방식으로 반드시 할 필요는 없다.

**궁** 정말로요?

**척** 네. 그럼요. TED <sup>●</sup> 아시나요? 1990년부터 매년 개최되는 꽤 유명한 세계적인 강연회인데요. TED는 Q&A를 하지 않아요. 청중을 초대한 소규모 강연이나 북 토크는 으레 Q&A를 하는데 말이지요.

**궁** 그것이 Q&A의 본질과 무슨 상관이 있는데요?

**척** 질문을 받지 않는 형식이 오히려 더 신비롭고 매혹적이며, 강사와의 연결을 묘하게 만들어내며 여운을 남긴다고 생각해요. 강의가 흥미로우면 강의와 관련 있는 것들을 스스로 탐색하잖아요. 더 다양하고 풍성한 지혜를 얻을 수도 있고요.

**궁** 궁금해서 물어본 것에 대한 대답을 바로 들으면 좋긴 하잖아요.

**척** 그 질문을 바로 해소하지 않고 마음속에 담아두는 것도 좋지요.

**궁** (짜증 나지 않은 척하며) Q&A의 본질은 그래서?

● 기술Technology, 엔터테인먼트Entertainment, 디자인Design을 의미하는 TED는 "널리 퍼져야 할 아이디어Ideas Worth Spreading"를 모토로 미국의 비영리재단에서 운영하는 강연회야. TED는 웹사이트에 4,200건이 넘는 무료 강연 영상을 공개했어.

**척** 제가 궁 님의 질문을 못 알아들은 척하고 아는 척하는 게 너무 재밌어요. 어떤 사람이 세상 모든 것의 본질을 다 안다면 얼마나 무시무시할까요.

**궁** 그렇군요. 이제야 알았어요!

**척** (감격하는 입 모양으로) 오왕! 대박. 제가 답하지 않았는데도 스스로 본질을 발견하시다니!

**궁** 앞으로는 질문 그 자체를 많이 생각해볼게요. '질문도 탄생과 죽음이 있지 않을까?'라는 생각이 문득 드네요. '쿨럭쿨럭.'

**척** '겉모양에만 신경 쓰며 에너지를 다 쓰는 사람'이 있다면 '본질을 바라보고 보듬으며 에너지를 얻는 사람'도 있지요. 궁 님은 에너지 넘치게 살 것 같네요.

**궁** 저, 깨달은 척 잘하지요?

**척** 진짜 같아요. 나이스.

4장

생명의 씨앗을

깨운다

작은 문을
열 수 있다면

큰 문은 뭐

디자인 대학교에 갓 입학해서 기초 수업을 배울 때였어. 교수님이 숙제를 내줬지. A4 용지에 자기소개를 디자인해서 다음 수업 때까지 가지고 오라는 건데, 반드시 컴퓨터로 작업한 출력물을 가지고 오라고 했어.

나는 굉장히 쉬운 숙제라고 생각했지. 컴퓨터 툴을 능숙히 다뤘고 멋진 증명사진을 스캔할 수 있는 최첨단 장비가 있었거든. 하얀 네모 안에 뽀얗게 다듬은 증명사진을 넣었어. 그다음 한글 이름을 크게 넣고 영어 이름도 양념처럼 넣었어. 영어 이름을 넣으면 고급스러워지는 느낌이 있잖아.

물론 이런저런 고민은 했어. '생년월일을 쓸까 말까?' '취미를 넣을까 말까?' '내가 좋아하는 영화나 음악을 넣을까 말까?' '감명 깊게 읽은 책을 소개하면 지적으로 보이겠지?' '혈액형을 쓰는 건 유치해 보이니 그건 넣지 말자. 나는 잡지 〈하이틴〉 끄트머리에 혈액형별 성격을 분석한 칼럼을 유치하다고 생각하는 성숙한 대학생이잖아.' 여러 생각을 하고 Ctrl+Z를 수없이 눌러가며 이런저런 정보를 채워 넣었어. 가운뎃점과 밑줄, 점선을 성글게 꾸미면서 말이야. 꽉 채우면 답답해 보이니 어느 정도 여백을 주는 타고난 미적인 감각을 뽐냈지.

그런데 숙제를 제출하던 날, 내 의기양양한 얼굴은 순식간에 달아올랐어. 모든 것이 들통난 기분이었지. 친구들이 제출한 각양각색의 페이퍼를 쭉 모아놓은 벽을 보는데 부끄러웠어. 내 페이퍼는 멋있지도 재밌지도 않고 흥미롭기는커녕 조잡하기 그지없었거든. '아, 떼고 싶다'라는 부끄러운 경련이 내 볼의 실핏줄처럼 일었던 것 같아.

내 페이퍼 옆에는 에세이 같은 페이퍼가 빛나고 있었어. 어떤 사진이나 그래픽 없이 오로지 명조체만으로 깔끔하게 자신의 이미지? 속삭임? 이야기를 적은 것이었지. 오른쪽 위편에는 몇 단어와 모호한 이미지가 입혀진 예술서의 표지 같은 페이퍼가 무심히 번뜩였고. 내 것은 어찌 그리 촌스럽고 옹색해 보이던지… 하얀 종이가 분홍빛으로 벌겋게 변하는 줄 알았다니까. 이름 앞에 '이름:'이라고 안 써도 되고, 이메일 앞에 '이메일:'이라고 안 써도 되는데, 나는 왜 관공서 서식처럼 그딴 걸 쑤셔 넣었단 말인가! (감각 없는 멍청이!) '어떻게 쟤네들은 저런 생각을 할 수 있지? 쟤넨 천재인가?'라는 생각을 했지.

그 후로 문이 열렸던 것 같아. 내가 모르던 세상이 문 바깥에 늘 있었는데, 나는 그 세상이 있는 줄도 모르고 문 안쪽에서 앙증맞게 살고 있었다는 걸 깨달았지. 이따금 칭찬을 들었거든. "그림 잘 그려서 좋겠다." "손재주가 있네." "눈썰미가 좋아." 칭찬만 있는 세상이 내가 사는 세상이었어. 내가 아는 세상 안에서는 내가 제일 잘났으니 그 칭찬과 격려 덕분에 바깥으로 나가는 문손잡이가 전혀 보이지 않았던 거야.

자기소개 한 장을 만들기가 그렇게 어려운 일인 줄 몰랐어. 나는 나를 상대에게 알려주는 이야기조차 제대로 생각해본 적 없거니와, 상대가 나를 읽어내는 표면을 어떤 순서와 방식으로 구축해야 하는지 몰랐어. 이 모든 과정이 의식적인 창조 활동인 것조차 모르고 살았으니 나는 얼마나 쩨쩨한 울타리 안에 있었던가. 나는 내가 누구인지 타인에게 제대로 설명도 못 하는 납작하고 평평한 존재였단 말인가.

내가 만든 것이 무엇인지, 다른 친구들이 만든 것은 무엇인지, 교수님은 무엇을 보려 한 것인지 시간이 조금 지난 후에 이해했어. 비슷한 일들을 계속 겪으니 조금씩 뭐가 보이긴 하더라고. 내 페이퍼 둘레에 붙은 천재 아우라 풍기는 페이퍼들도 어딘가에 있는 것을 베낀 것이라는 사실도 알게 되었지. 단지 다른 친구들은 나보다 견문이 넓었을 뿐이었지. (당시에는 인터넷이 없어서 새로운 것을 보려면 특출난 발버둥이 필요했어)

내 수준을 안 그날의 사건은 나에게 작은 문 하나를 열어줬지. 나는 뭔가를 하기 전에 반드시 전지적 관점으로 보는 태도를 지니게 되었어. 쪽팔리지 않기 위한 자기방어였을지도 몰라. 1인칭 관점이 아닌 3인칭 관점에서 나를 바라보는 훈련을 한 덕분에 무언가를 객관적으로 바라보게 되었어.


내가 생각하고 표현한 것들을 큰 벽에 붙여놓고 멀리서 전체를 조망하면서 다른 환경과 더불어 보는 훈련은 꽤 재밌어. '어떻게 보이려나?' 질문을 하면서 보는 거야. 다른 것과 비교해보는 맛도 있고 나만이 할 수 있는 색다른 지점을 알 수도 있어. '아무리 발버둥을 쳐도 도토리 키 재기구나. 결국 다 고만고만할 수밖에 없는 거구나' 하는 너른 마음도 갖게 돼.

뭘 하든 남다르게 하고 싶은데 아무리 해도 고만고만할 때는 말이야. 답답해하지 말고 나로부터 멀리 탈출해보는 연습을 해보길 바라. 처음에는 자신이 마음에 들지 않아도 뭔가가 서서히 보일 때가 올 거야.

인스타그램 사진 안에 갇힌 내 모습을 보정하느라 용쓸 시간에 다른 세상을 구경하는 게 더 나을 수도 있어. MBTI 알파벳으로 내 성격 유형을 파악할 시간에 '원시인이 나를 보면 뭐라고 첫마디를 내뱉을까'라는 상상을 하는 게 더 재밌지 않을까? 문손잡이가 어디에 있는지 알고 열 줄만 알면 아주 큰 문이 내 앞에 다가와도 문을 열 수 있을 거야.


얼마 전, 어느 무겁디무거운 자리에 갔거든. 어쩌고저쩌고 자문위원 위촉식 행사였어. 다들 더워죽겠는데 군청색 양복을 입고 참석하더라고. 어쨌든 그 자리에서 자문위원 수십 명이 돌아가며 자기소개를 했어. 저마다 자신의 직책, 화려한 경력, 포부를 말하더라고. 엄청난 위인들 사이에서 주눅들 수도 있었지만 나는 주눅들지 않았어. 숨을 한번 쉬고는 이렇게 인사했지.

"저는요— 요 앞에 있는 자문위원님의 이름표들이 책상 앞 나무 턱에 가려서 잘 안 보이잖아요. 앞사람 이름이 잘 안 보이니 답답하지 않으세요? 저는 이런 것이 제일 신경 쓰이는 사람이고요. 잘 보이게끔 도와주고 싶고 글자체도 예쁘게 해주고 싶어요. 저의 하찮은 이런 것이 정책 회의에 도움이 되었으면 좋겠네요. 반갑습니다. 호호."

그곳에 있는 사람들의 오묘한 눈빛이 반짝였고 형식적인 박수 소리가 울려 퍼졌어. 이런 상황이 익숙하지만 조금씩 바뀌면 좋겠어.

거창한 이력 소개는 시간이 지나면 기억에 남지 않잖아. 작은 하나라도 또렷하게 드러내야 타인의 기억에 겨우 남을 수 있지. 그것이 자기 존재를 소개하고 타인을 초대하는 문손잡이가 아닐까? 매번 똑같은 방식으로 인사하고 표면적인 경력을 자기 자신의 전부인 양 말하다 보면 그 점이 그 점일 뿐, 멀리서 보면 자기 자랑하는 비슷비슷한 모습으로 보이잖아.

자기소개를 하는 순간마다 매번 똑같이 하지 않는다

면, 더 작고 선명한 이야기를 눈치 보지 않고 할 수 있다면, 우리는 계속 큰 문을 열어젖힐 수 있는 사람이 되지 않을까?

# 처음 보는 것의
# 두려움

**재밌지 않나? 가만 지켜보면 괜찮은데**

체코의 건축가 얀 카플리츠키가 2007년에 새로운 체코국립도서관 건물의 디자인국제현상설계공모에 당선했어. 그는 러시아의 체코 침공이 시작된 1968년에 영국으로 이주하여 영국에서 활동한 명망 있는 건축가였어. 그가 고향을 떠난 지 40년 만에 자신의 모국에서 건물을 지을 수 있게 되었으니 얼마나 영광이고 기뻤을 거야.

하지만 그의 설계안은 큰 논쟁을 일으켰어. 유네스코 세계문화유산으로 지정된 프라하 도심에 건립될 예정이었기에 전통주의자들의 반발이 컸지. 사람들은 디자인이 문어 같다며 싫어했어. 고도古都 프라하의 이미지와 어우러지지 않는다고 혹평했어. 심지어 전 체코 대통령 바츨라프 클라우스마저 자신의 몸으로 건물 짓는 걸 막겠다고 말했지. TV를 켜면 설계안에 반대하는 군중이 매일 등장할 정도로 설계안이 국가 이슈였어. 참 웃기지? 온 국민이 찬반 의견을 내며 관심을 보이는 설계안대로 도서관이 지어졌다면, 그 도서관은 프라하를 상징하는 문화 아이콘이 될 수 있었을 텐데 말이야. 하지만 아쉽게도 결국 설계안대로 도서관을 짓는 일은 취소되었어. 쩝. 제대로 잘 만들었다면 한 나라의 건축 역사에 남을 만한 꽤 근사한 무언가가 되었을 텐데 말이야.

우리나라 동대문디자인플라자Dongdaemun Design Plaza, DDP
도 처음에는 외계 비행체 같다며 온갖 비난을 받았지만
결국 지금은 이래저래 긍정적으로 인정받는 명물이 되
었잖아. (외국 유명 건축가가 지었다고 하면 일단 수긍하는 우리
나라의 겸손한 분위기 덕에 이런 건물을 지을 수 있던 건지도 모
르겠어)

체코 사회는 자신의 나라가 배출한 세계적인 건축가
를 너무 홀대한 것 같아. 당시 체코 사회를 지배하는 견

고한 편견이 파격적으로 보이는 미래지향적 설계안을 콱 짓눌렀어. (물론 설계안 반대파의 의견도 일리가 있어) 그로 인해 창의적인 건축으로 달라질 미래를 볼 기회가 사라졌지. 이방인인 내가 봐도 안타까워. 그 정도로 징그럽고 이상하고 혐오스러웠을까?

그 설계안은 특출나다고 생각해. 상상력을 북돋우면서 현재의 건물과 공간을 되돌아보게 만들어. 천진난만하면서 철학적인 디자인을 보여준 것 같아. 귀여우면서 장엄하기도 하지. (고전적인 건물들 사이에 있다고 가정해보면 더 놀랍고 기이해 보여)


우리 주변에도 이런 일들은 많아. 파격적인 뭔가를 제안하면 갸우뚱하지. 낯선 것들은 대개 거절당하기 일쑤지. 어디선가 봐왔거나 익숙한 것이 조금이라도 눈에 들어와야 마음이 안정되는 법이니까. 그래서 비슷한 사례가 있으면 안심하고 유명인이 만들었다고 하면 겨우 좋다고 해. (그래서 다들 기어코 상을 받으려 하는군!)

사람들이 뭔가를 봤을 때 이상하다고 느끼는 건 그동안 자신이 겪은 경험을 판단의 기준과 잣대로 삼아서 그래. 그래서 견문이 좁은 이는 더 이상하게 느끼고, 견문이 넓은 이는 상대적으로 덜 이상하다고 느끼지. 세상 곳곳을 이리저리 뒤져보면 다양하고 괴상한 것들이 공존하고 낯선 것들이 참으로 많아. 그런 것들이 시간을 잘 견디면 어느샌가 우리에게 익숙한 그 무엇이 되어서 결국 아무렇지 않게 돼.

프랑스 파리의 에펠탑도 그런 면에선 가장 유명하고 괴상한 건축물이잖아. 나는 에펠탑을 볼 때마다 인간의 눈이 얼마나 간사하고 얄팍하며 줏대 없는지 늘 각성해.<sup>●</sup> 130년여 전 세워진 괴물 같은 철골 탑이 아름다운 문화의 상징이 되었다는 게 신기해. (신기하지 않아도 신기하다고 억지로 생각하면 진짜 신기해져)

문화 소양이나 안목이 깊어야만 눈이 너그러워지는 건 아니야. 만일 어린아이가 스케치북에 이상한 그림을

---

● 에펠탑이 건설되기 시작하자 당시 사람들은 "에펠탑이 무너지면 사람들이 다 죽는다." "뼈대만 앙상한 건물은 파리의 미관을 망치는 흉물이다." 비판했지만, 지금은 감탄하잖아. 프랑스 파리의 퐁피두센터, 루브르박물관의 피라미드도 당시엔 엄청난 비판을 받았어.

막 그려서 "이거 어때?" 하고 어른들에게 보여줄 때 어른들은 어떤 표정을 짓지? 우스꽝스럽고 말도 안 되는 그림일 텐데 대부분 웃어주잖아. 팔 한쪽을 길게 그렸다고 지적하거나 건물을 사람보다 크게 그리라고 조언하지 않잖아. '어쩌다 우리는 넉넉하고 사랑스러운 눈을 잃어버린 것일까'를 되짚어보면 줏대 없는 눈이 조금 말랑말랑해질 거야.

낯설고 이상한 것이 눈앞에 나타났을 때 그것이 찐득한 침을 흘리는 괴물이 아니라면 예쁘게 바라봐. 입 냄새나는 괴생명체가 아니라면 우리를 잡아먹지는 않을 거야. 무조건 싫다며 밀어낼 필요는 없어. 지금 우리가 보고 있는 좋은 문화의 상징물들도 처음엔 다 낯설고 이상한 것들이었어. 숨을 크게 쉬면서 되뇌어보자고.

'이것이 못난이 같아도 오래 보면 예뻐질 것이야.'

나도 처음엔 되게 이상한 존재였을 텐데 누군가가 예쁘다고 해줬거든.

# 사막에서
# 축제를 만드는 리더십

**위기의 순간에 나는 과연**

2018년 2월 23일 경기도 화성 S전자 공장에서 큰 행사가 열렸어. 최첨단 반도체를 생산하는 'EUV(극자외선) 라인' 기공식이었어. 식순에 따라 VIP 귀빈들이 동시에 버튼을 누르면 무대 상단에서 대형 현수막이 내려오도록 준비했어. 사회자의 진행하에 모두 카운트다운하고 현수막이 내려왔는데 이게 웬일! 현수막이 거꾸로 뒤집힌 채 내려온 거야.

한동안 아주 유명한 뉴스거리였지. 뒤집힌 현수막을 보는 순간 S전자 사장, 국회의원, 마을 주민, 직원 들의 표정이 얼어붙었고 곳곳에서 웃음이 터졌대. 좀 끔찍하지? 웃기다고? 그래 맞아. 남 일이니까 웃긴 거야. 자기 일이 아니니 웃을 수 있다고. 2014년 러시아 소치올림픽 개막식 때 오륜기의 링 하나가 기계 오작동으로 펼쳐지지 않아서 사륜기가 되었을 때보다 심각한 상황은 아니야. (심각한 상황이려나?) 기공식 동영상을 보면 사람들이 '어떡해, 어떡해' '꽃 됐다, 꽃 됐어'같이 당황하는 사운드가 들려. 그 사운드가 아주 웃프게 시려.

자, 이런 퀴즈를 내볼게. '그때 그곳에 있는 모든 사람이 얼음이 되었을 때 처참한 분위기를 한순간에 바꿀 수 있는 사람이 있을까? 그런 사람이 있다면 누구일까?' 바로 대장, 사장님일 거야. 무리 중에 가장 권위가 높은 우두머리 리더 한 사람일 거야. 단 한 사람만이 그곳의 공기를 바꿀 수 있어.

또 퀴즈를 내볼게. 우두머리 리더가 어떻게 하면 될까? 딩동댕. 맞았어. 바로 '하하하' 하고 크게 웃으면 돼.

리더가 크게 웃으면 모든 분위기를 바꿀 수 있어. 이런 일은 전쟁 참패로 나라가 망한 일도 아니고 누군가 죽거나 다친 일도 아니고, 인간의 실수로 생긴 해프닝이잖아. 그래서 리더가 크게 웃어주기만 하면 모든 사람의 마음에 평화가 찾아오게 돼 있어. 서로 당황해하며 눈치 보면서 민망해하지 않아도 돼. 리더가 여유가 있어서 이렇게 말해주면 금상첨화겠지.

"여러분― 모두 물구나무서서 거꾸로 보시면 됩니다. 우리 회사를 혁신적으로 바꾸기 위해 재밌게 해봤는데 어떠십니까? 이렇게 세상을 뒤집어보라는 의미로 위트 있는 현수막을 준비한 직원에게 박수를 쳐주십시오. 이 일을 준비한 행사팀에게 상을 주겠습니다. 하하하."

리더의 한마디 덕분에 근엄한 행사의 공기가 활기찬 축제의 공기로 바뀌지 않을까? 갑자기 사람들의 마음에 평화와 기쁨, 여유가 꽉 차오르지 않을까? 그런데 실제로 그런 일이 벌어졌냐고? 아니, 벌어지지 않았어. 현실에서 위트 있는 리더는 거의 등장하지 않아. 드라마에서나 등장할 법하지. 현실에서는 왜 멋진 리더의 위트를 볼 수 없을까? 드라마 대본이 없어서일까? 위트 있고 여유 있는 사람은 우두머리가 될 수 없다는 규율이 있어서 일까?

사람은 원래 당황하고 망했을 때에서야 비로소 방어막이 벗겨지며 본모습이 튀어나오지. 실수하거나 힘들거나 여유가 없을 때에서야 자기가 그럴듯하게 여기는 가면을 챙기지 못하기도 하지. 이럴 때 오랫동안 몸에 밴 게 바로 튀어나오는데 어떻게 가면을 붙들고 있겠어.

지금 우리는 저런 처참한 상황을 전지적 관점에서 바라보고 여유롭게 비판하면서 '나 같으면 위트 있는 리더가 되어 잘할 수 있을 텐데…' 하겠지만 천만의 말씀이야. 막상 예기치 않은 당혹스러운 상황을 겪을 때 그 상황의 덫에 걸린 사람은 의식이 마비돼. 그때 몸에 체화되고 쌓아놓은 습관의 패턴이 본능적으로 나오지. 그래서 우리는 아주 작은 당황스러운 상황을 겪을 때마다 매번 연습을 해야 해. 습관처럼 훈련을 해야 해. 웃는 훈련을 말이야.

우리 사회의 수많은 리더가 처음부터 웃을 줄 모르고 심각했던 건 아닐 거야. 모두 웃음과 여유가 있고 쾌

활하고 말랑말랑한 적이 있었겠지. 언제부터인지 모르겠지만 조금씩 웃음기를 잃어버리며 메마른 나무가 되었겠지.

이제부터 누군가 주위에서 당황하거나 실수할 때 이렇게 말해보자.

"괜찮아요, 하하. 그렇게 망치니 인간적이고 자연스러워 보여 좋네, 하하. 당신의 실수 덕에 우리도 배운 것이 있으니 다음엔 내가 실수할 때 꼭 박수를 쳐주셔야 해요. 하하."

축제를 여는 멘트를 연습해보자.

# 세상 최고의
# 브랜드는

**오, 지저스**

옷을 사서 입었는데 "너 브랜드 입었구나"라는 말을 들으면 으쓱하지. 으쓱하려고 입었으니 으쓱할 수밖에 없지. 상대가 브랜드를 잘 알고 알아보게 하는 것을 '브랜드 마케팅 잘했다'라고 한다면, 우리는 브랜드 밀림 속에 사는 것 같아.

기업에서 '브랜드' '브랜딩' '브랜디드 콘텐츠'라는 말들을 자주 써. 디자인 전문가들은 '브랜드 디자인'이라는 꽤 어려운 일을 하면서 먹고살기도 해. (로고 디자인이 브랜드 디자인 중 제일 돋보이는 부분이라 그게 전부인 줄 아는 사람도 있어. 사실 브랜드 디자인 중에 로고 디자인은 지극히 작은 부분에 불과하거든)

브랜드를 만들어가는 일은 서비스의 정체성을 특별하게 만들고 철학과 신념을 정리한 후, 철학과 신념에 맞는 때깔의 옷을 입히고, 그것을 고객들에게 오류 없이 잘 전달하면서 좋은 이미지를 극대화하는 작업이야. 명품 브랜드는 브랜드 관리를 위해 끊임없이 멋진 쇼를 하고 유명 모델을 앞세워 진귀한 광고를 만들지. 동네 숍은 주기적으로 상품을 감각 있게 전시하거나 예쁜 로고가 있는 포장지에 상품을 싸준다거나 문 앞에서 친절한 인사를 건네지. 저마다의 '이름값'을 하면서 먹고살아.

　디자인 초년생일 때부터 브랜드가 왜 중요한지, 어떻게 만들고 관리해야 멋지게 자라나는지, 그런 게 궁금했어. 나이키와 애플, 디즈니, 심슨, 펭귄북스 같은 브랜드를 유심히 보면서 따라 해보기도 했지. 멋진 이미지를 따라 하면 할수록 실력이 느는 듯한데 공허한 거야. 공허의 이유를 잘 모르겠더군. 훌륭한 디자이너들이나 브랜드 경영인과 철학자의 책을 보면 '와, 이거였구나' '와, 멋지다' '이렇게도 생각할 수 있구나' 하고 감탄했어. 그런데 시간이 지나고 나면 그것들은 그들의 깨달음과 경험일 뿐 내 것이 아니라서 기운이 빠지더라고. 사전에 적힌 단어의 뜻을 정확히 외워 지식과 개념을 얻었으나, 사전적 정의는 내가 내린 정의가 아니라 시간이 지나면 다 잊히는 것과 같지. (게다가 말도 어렵잖아) 사전적 정의는 죽은 정의라고 생각해. 정확하고 옳은 말인데 생명은 없는 그런 느낌이야.
　"브랜드라 하는 것은 남들이 따라 할 수 없는 나만의 것이어야 한다"라는 꽤 철학적인 선언 문구가 있어. 근사한 표현이야. 어디 가서 이 정도로 말을 할 수 있다면 '브랜딩 좀 한다'라고 으스댈 수 있을 것 같아. 그런데 그 다음 단계가 참 어렵더라고.

나만의 정의를 내린다는 게 참 어렵고 힘들어. 어렵고 힘들면 무릎을 꿇게 되고 그러다가 기도를 하게 되더라고. 어릴 때부터 교회를 다녔기 때문에 어려운 일이 생기거나 뭔가 막히면 기도를 하라고 배웠거든. 기도를 마칠 무렵 이런 말을 꼭 해.

"이 모든 말씀, 예수님의 이름으로 기도합니다. 아멘."

어릴 때부터 읊조리던 말이라 입에 배어 있어. 이 마지막 문장을 말하지 않으면 기도문이 제대로 완성되지 않아서 하늘에 계신 하나님께 온전히 전달되지 않는다고 생각하기도 했으니까. 어쨌든 답답한 마음으로 기도를 하는데, "이 세상 최고의 브랜드를 제대로 이해할 수만 있다면 나도 좋은 브랜드를 디자인할 수 있을 텐데… 나이키, 애플 말고 최최최고의 브랜드가 뭔지 알게 해주세요. 이 모든 말씀, 예수님의 이름으로 기도합니…"라고 하는데 글쎄, 머릿속이 반짝, 하는 거야.

'오, 지저스Jesus.'

세상에서 제일 유명한 그 이름은 지저스. 2000여 년 지나도록 생생히 살아 있는 그 이름은 지저스. 간디, 에디슨, 나폴레옹, 마이클 잭슨, 비틀스의 이름도 유명하지만 그들보다 더 유명한 이름은 지저스. 그냥 유명한 이름도 아니고 우리의 달력 시간 단위인 서기A.D.●를 뜻하는 용어의 주인공 지저스. 지저스는 놀라운 이름이지.

브랜드는 통상 '이름'과 '이미지'로 이루어져 있어. 그 이름을 들을 때마다 떠오르는 이미지가 새롭고 좋다면 훌륭한 브랜드라 할 수 있지. 그래서 오래된 브랜드 이름인데, 머릿속에 신선한 요즘 이미지와 클래식한 역사적인 이미지가 동시에 떠오르면 꽤 잘 설계된 성숙한 브랜드야. 코카콜라, 롤렉스, 구찌 같은 이름들은 100년이 지났건만 여전히 새롭게 불리고 있으니 그 이름값이 비쌀 수밖에 없어. 이름값을 어려운 말로 '브랜드 가치'라고 하면서, '몇 백억 달러 가치의 브랜드다' '전 세계

●    기원후 'A.D.'는 라틴어 'Anno Domini'의 약자이며, '그리스도의 해In The Year of Our Lord'라는 뜻이다. 'A.C.Ante Christum natum'로 표기하기도 한다. 참고로 기원전 'B.C.'는 'Before Christ'의 약자다.

브랜드 순위 몇 위다' '브랜드를 얼마에 인수했다'라는 말들을 하는 거야. 지저스란 이름의 브랜드는 과연 얼마의 가치가 있을까? 돈으로 환산하는 것이 어리석고 불경스러운 일이려나? 후후.

전설적인 팝 밴드 비틀스 알지? 1966년 비틀스의 리더 존 레넌이 한창 전성기일 때 "비틀스가 예수님보다 인기가 많다More popular than Jesus"라는 말을 했어. 그 한마디가 온통 미디어를 뒤흔들었고 사람들의 화를 불렀어. 심지어 바티칸까지 항의 성명을 냈지. 서구 기독 사회의 대중은 '지저스를 거론하다니!' 하며 들끓었지. 아마 그때 인터넷이 있었다면 악플 대참사가 벌어졌을 거야. 아우, 무서워.

그 사건 이후 비틀스의 모든 공연은 취소되었어. 당시 팝 밴드는 공연장에서 팬들과 만나 음악 활동을 활발히 했는데 비틀스는 외부 활동을 할 수 없는 지경에 이르렀어. 결국 비틀스는 활동을 중단했지. 그러고선 스튜디오 작업에 몰두해. 그 과정에서 소위 명반이라 불리는 걸작들이 탄생했지. 그중 한 곡이 〈렛잇비Let It Be〉야. 존 레넌이 지저스를 언급하지 않았다면 지금 우리는 주옥같은 명곡들을 들을 수 없었을지도 몰라.

요즘은 브랜드와 브랜드, 제품과 제품을 섞어 '브랜드 컬래버레이션Brand Collaboration'이라는 시너지 마케팅을 하지. 서로의 이미지를 지렛대 삼아 느낌과 인식을 배가하는 거야. '비틀스×지저스'는 폭발적 시너지로 불명예 대참사와 명곡의 탄생이라는 아이러니한 역사를 만들어 냈어. 이 사건은 '브랜드의 생명은 어떻게 유지되는가'에 관한 깨달음을 주지. 이름의 무게와 대중의 인식, 살아 있는 역사와 왜곡된 태도에 관한 것들이 우리에게 복합적으로 다가오기 때문이야.


내가 생각하는 최고의 브랜드는 지저스야. 지저스라는 이름에는 '십자가'와 '어린 양'이라는 묵직한 로고가 따라다니지. 어린 양에 관해 이야기하면 글이 길어지고 어려울 것 같아서, 못 박힌 십자가에 관한 이야기만 해볼게.

십자가는 피 묻고 더러운 죄인들을 떠올리게 하는 죽음의 처형대였어. 그런데 고대 로마 시대에 그 처형대에 매달려 죽은 지저스는 3일 만에 다시 살아난 거야. 예수 탄생 740여 년 전 성경의 예언●대로 말이야. 죽음을 이긴 생명의 상징 로고가 되어버린 거야. 죽음과 생명이란 상반된 두 가지 의미를 지닌, 이렇게 단순하고 빛나는 상징은 이 세상 어디에도 없을 거야.

요즘은 십자가를 보석상 진열대나 건물 첨탑 끝에서 흔히 볼 수 있어서 진부한 도상으로 여기기도 하지. 하지만 십자가를 곰곰 들여다보고 그 안에 담긴 뜻을 헤아리면 경탄하게 될 거야. 세상 가장 깊은 죽음과 생명의 이야기가 담겨 있으니까. 명품 로고들은 십자가와 비교당하면 민망해질 뿐이야.

● "그는 멸시를 받아 사람들에게 버림받았으며 간고를 많이 겪었으며 질고를 아는 자라 마치 사람들이 그에게서 얼굴을 가리는 것 같이 멸시를 당하였고 우리도 그를 귀히 여기지 아니하였도다. 그는 실로 우리의 질고를 지고 우리의 슬픔을 당하였거늘 우리는 생각하기를 그는 징벌을 받아 하나님께 맞으며 고난을 당한다 하였노라. 그가 찔림은 우리의 허물 때문이요 그가 상함은 우리의 죄악 때문이라 그가 징계를 받으므로 우리는 평화를 누리고 그가 채찍에 맞으므로 우리는 나음을 받았도다. 우리는 모두 양 같아서 그릇 행하여 각기 제 길로 갔거늘 여호와께서는 우리 모두의 죄악을 그에게 담당시키셨도다. 그가 곤욕을 당하여 괴로울 때도 그의 입을 열지 아니하였음이여 마치 도수장으로 끌려가는 어린 양과 털 깎는 자 앞에서 잠잠한 양같이 그의 입을 열지 아니하였도다." (이사야 53장 3~7절)

세 개의 선과 한 개의 동그라미로 이루어진 자동차 로고 앞에서 무릎을 꿇고 경배하는 사람도 있고, 알파벳 C 자 두 개가 붙은 백을 쥐려고 밤새 매장 앞에서 죽치고 있는 사람도 많잖아. 그런데 그런 브랜드 상징을 소유하면 행복한 기분이 오래 갈까? 처음 걸칠 때의 빛이 금방 낡아져서 바래지잖아. 그 빛을 계속 돈으로 사서 발라줘야 하니 얼마나 피곤해. 세상 비싼 브랜드들이 우리의 초라함을 감추라고, 가공의 빛 껍데기로 속을 가려 보라고 우리를 매일 부추기고 있어.

지저스란 브랜드가 탁월한 이유는 강산이 수백 번 바뀌어도 낡지 않고 날마다 새로워지기 때문이고, 날마다 그 이름을 부르는 이들에 의해 의미가 덧입혀질 뿐 아니라 건강한 속사람으로 사는 눈을 키워주기 때문이지.

마케팅의 정수를 바이럴 마케팅Viral Marketing이라고 말하는 이들이 있어. 지저스는 특별한 광고 없이도 2000여 년 동안 사람과 사람을 통해 전해지고 증명된 바이럴 마케팅의 본보기이지. 다단계 피라미드(요즘은 '네트워킹 마케팅'이라 부르더라)의 아슬아슬한 연결고리보다 더 이타

적이며 순수한 바이럴 네트워킹을 보여주기 때문이야. 때때로 종교의 탈●을 쓰고 이상한 일이 벌어져 안타깝지만, 크리에이터의 관점에서 보면 이보다 벤치마킹하기 충분한 브랜드는 없다고 생각해.

종교 이야기는 듣기 싫고 신중히 해야 한다고? 그건 맞아. 그저 나는 '이 세상에서 최고의 브랜드는 무엇일까'를 탐구하다가 지저스가 떠올랐어. 지저스의 의미와 지저스가 세상에 퍼지는 구조가 재밌거든. 인간은 의미를 찾지 않거나 발견하지 않으면 먹고 자고 자랑하다 죽는 생물밖에 되지 않으니까 말이야.

나는 노브랜드No Brand 매장에 가서도 브랜드 상품을 찾는 한 명의 속물 소비자지만, 브랜드 광고로 도배된 도시의 하루하루가 공허하지 않았으면 좋겠어.

'오! 마이 지저스. 오! 마이 프레셔스.'

살아 있는 것을 찾을 때 나는 행복하거든.

● 노벨문학상과 노벨평화상 후보로도 지명되었던, 오스트리아의 종교 철학자 마르틴 부버는 이렇게 말했어. "종교처럼 신의 얼굴을 멋지게 가리는 것은 없다."

# '성과'라는
# 열매 뒤의 세계

**열매는 누가 따 먹나**

가끔 가보는 제주도 한경면 한적한 시골에 널따란 밭이 있어. 당근도 키우고 옥수수도 키우고 1년 내내 쉬지 않는 밭인 것 같아. 우리나라는 땅덩어리가 좁아서 어떻게든 빈 땅을 남김없이 쓰며 콩에서 고추까지 작물을 악착같이 키우잖아.

그런데 이 밭 한가운데에 축구장 4분의 1 크기의 커다란 연못이 있어. 농업용수를 담아놓은 저수지라고 하기엔 너무 예뻐서 풍광이 생뚱맞지. 농업용수 탱크가 따로 있는 걸 보면 농사와는 아무 상관도 없는 비생산적인 연못일 수도 있지. 까만 현무암 돌담으로 둘러싸인 둥그런 연못 안에 하얗고 붉은 비늘의 잉어도 살아. 연못 한쪽엔 커다란 나무가 있고 벤치도 있어. 황무지 벌판에 있는 오아시스 같아.

이 연못은 밭의 주인이 앉아서 쉬려고 만든 곳이야. 농막이나 팔각정보다 훨씬 낭만적이고 운치가 있지. 이따금 밭의 주인인 할아버지가 나무 그늘이 드리운 연못가 의자에 앉아 졸고 있는 걸 보면 마음이 평화로워져.

연못가를 걷다 보면 이런저런 생각이 들어. '농사짓는 이유가 뭘까?' '땅은 어떤 의미일까?' '단지 수확물을

많이 생산해서 먹고살기 위한 수단이라면 그것만으로 인생이 충만해지는 걸까?' '할아버지의 밭 한가운데 생뚱맞은 연못은 먹고사는 이유와 무슨 관계가 있는 것일까?'

　　자본주의 터전에서 살아내는 일은 농사짓는 일보다 훨씬 더 공격적이고 치열하잖아. 아등바등 박 터지는 전쟁과 같지. 성과를 내지 못하거나 주춤하거나 마켓Market이란 땅에서 내 지분의 땅을 빼앗기면 바로 죽어버려.

그래서 성과중심형 사고와 제도를 토대로, 기업은 자기 땅을 넓혀나가려고 심히 열불을 내고 있어. 기업의 의사결정권자인 리더와 임원은 자신의 임기 동안 성과를 내지 못하면 바로 잘린단 말이야. (아우, 끔찍해) 기업뿐 아니라 정치인들도 자신의 임기 동안 눈에 띄는 성과를 내지 못하면 연임하기가 쉽지 않지. '눈에 띄는 성과'는 '당장 먹어버릴 수 있는 빛깔 좋은 탐스러운 열매를 수확해 생명을 연장하는 것'이야. (열매는 누구나 원하고 좋아해)

그런데 자세히 들여다보면 시간이 필요한 열매가 있어. 인삼은 생장 속도가 느려서 오래 기다려줘야 하잖아. ('인삼은 열매가 아니라 뿌리잖아'라고 딴지 걸지 마) 아프리카 인도양 세이셸 군도에서 자라는 세이셸 야자●는 꽃이 핀 후 열매를 맺기까지 7~10년이 필요하대. (그러니까 농사로 기르지 않지) 그리고 조금 멀리서 보면 열매가 안 열려도 우리에게 꼭 필요한 나무와 꽃들이 지천에 가득해.

---

● 세이셸 야자는 세상에서 가장 큰 씨앗을 생산하는 식물로 유명해. 길이 45센티미터, 넓이 30센티미터, 무게는 30킬로그램, 발아하기까지 2년이 걸린대. 현재 약 8,000그루만 남아 있는 멸종위기종이래.

밭일하러 가는 길에 꽃 보며 걸어가면 얼마나 기분이 좋아. 기분이 좋으면 농사지을 때 절로 노래가 나온다고.

흔히 조직에서는 중장기계획과 단기계획을 세우는데 수확하는 열매도 키우는 방법도 달라. 훌륭한 경영인은 두 가지 열매를 다 같이 수확하려 하지만, 임기가 정해진 경영인이나 오랫동안 한 가지 일을 책임질 수 없는 순환보직체계에 있는 사람은 오로지 단기성과에 목매달고 그 열매만을 위해 온 영혼을 바치고 살 수밖에 없어. 여기서 슬픔이 시작되지.

누군가 웃고 누군가 우는 시작점은 이러해. 여러 가지 일을 벌여놓고 함께 정기적으로 살피는 '성과 보고 회의' 또는 '주간 업무 회의'를 하잖아. 바로바로 그래프가 우상향을 찍기도 하고, 좀 지켜봤는데 도무지 그래프의 변화도 없고 숫자도 시원치 않을 때도 있을 거야. 그때 회의를 하면 우리는 우두머리를 살피겠지. 어떤 결정을 할지 지켜봐야 하니까. 단기성과만이 중요한 우두머리는 빠른 시일 내에 잘 자라지 않는 나무를 '싹둑' 벨 거야. 그놈의 숫자가 오르면 박수를 치고, 내려가면 한숨을 내쉴 거야. 다 같이 한숨을 느낄 수 있도록 매우 천진하고 진지하게 말이야. 애정을 갖고 착실히 나무를 키워보려 한 일꾼들은 슬플 거야. 야속하겠지. 씨 뿌리는 보람도 있었고 땅 고르느라 아무도 모르는 수고를 진하게 했는데 말이야. 그로 인해 일꾼들은 굳은 결심을 하게 되겠지. '아, 빨리 열매를 맺는 때깔 좋아 보이는 농사만 짓자!'

누군가는 그런 분위기가 지배하는 회의를 '일희일비 회의'라고도 해. (이런 단어는 씁쓸한 표정으로 말을 해야 희／비＼의 굴곡이 잘 느껴져) 당장 성과가 보이지 않아도 오래 기다려보면 뭔가 생길 수 있다는 신념이 가득한 동료들은 일희일비 회의 때 마음이 무거워져.

숭고한 브랜딩● 업무나 콘텐츠 창작하는 동료들은

---

● 브랜드 커뮤니케이션은 두 가지 미션을 수행해야 해. 빠른 트렌드를 접목하여 활발히 고객들을 유입하고, 기존의 브랜드 가치와 약속에 기반한 일관성 있는 메시지를 지켜야 하지. 트렌드 접목은 일단 치고 빠지는 속성 때문에 투자 대비 결과 예측이 쉽지만, 숭고한 브랜딩은 브랜드 선언을 오래 지켜야 하는 속성 때문에 어마어마한 공이 들어가. 당장 이것을 안 해도 먹고사는 데 큰 문제가 없어서 많이들 숭고한 브랜딩에 신경을 쓰지 않고 돈을 아끼려는 경향이 크지. 기업 내 브랜딩 관련 조직의 위상이 어떠한지는 여기에 돈을 쩨쩨하게 쓰는가, 제대로 쓰는가로 판단할 수 있어.

윗선에서 돈 안 되는 콘텐츠 제작비를 자를 때 무거운 마음을 느껴. 슬프지만 기뻐하는 사람이 한편에 꼭 있지. 바로 단기성과에 능한 이들이야. 그들 덕에 여럿이 오늘내일 먹고살기도 하잖아. 이들에게 늘 감사해야 해. (살짝 구시렁대면서) 돈 버는 이들을 존경하면서 살아야지.

당장 따먹을 수 있는 열매만 기르는 농사꾼들과 단기성과에 능한 이들의 공통점이 있어. 삶의 흔적이 앙상하다고 해야 할까. 그 흔적을 문화라고 하는데 멋이 없지. 먹고사는 문제에만 온통 인생의 초점이 모여 있으니 통장은 두둑한데 삶은 앙상하고 메마르지. 뒤늦게 앙상함을 덮으려 번쩍번쩍한 것들로 주변을 채우곤 하는데, 그게 자기 자신에서 나온 것이 아니라 여기저기서 흉내 내어 붙인 것이라서 어색하고 품위 없고 일관성도 없어. 그들의 인생은 비싼 가격표만 달랑 달린 것 같아.

내가 존경하는 어르신이 있어. 조명 기업을 운영하시는 분이지. 매년 회사에서 으레 지출하는 접대비(고객사에 납품하기 위해 술과 고기, 골프 등의 많은 선물로 치르는 일종의 기름칠 사업비)를 일절 다 없앤 후 그 돈을 모아 매년 야외 음악회를 열어. 조명 공장이 있는 동네 주민들부터 접대를 잘 못 받아 서운해할 수 있는 고객사 가족까지 대거 초대하지. 한바탕 문화 축제를 벌이는 데 많은 돈과 사랑을 퍼붓는 거지. 음악회의 피날레를 불꽃놀이로 장식해. 꽤 감동적이지? 고객사는 술과 고기가 차려진 식탁에서 기름진 유희를 즐기는 게 아니라 음악과 가을 공기가 흐르는 야외에서 영혼을 풍성하게 채우는 특별한 경험을 하는 거야. 동네 주민들도 행복해하지. '이 척박한 지역에 이런 세련된 흥이 넘쳐흐르다니' 하고 감탄하면서 말이야. 단기성과만 생각하고 경험해온 리더들은 머릿속에 이런 풍성하고 낭만적인 그림을 그려볼 여유가 평소에 있으려나 싶어. 그들에겐 꿈같고 기적 같은 일일 뿐이겠지.

열매를 누가 따먹으려고 농사를 짓는지 멀리멀리 생각하다 보면 기이한 것들이 보여. 먼 미래를 내다보고 오랫동안 한결같이 돈과 사람, 시간과 믿음을 투자하는 사람들이 있어. 그 사람들은 이렇게 말하겠지.

"열매는 너희가 따먹으렴. 나는 오늘 물을 줄 테니…"

# 정해진 답을
# 거슬러

## 가이드를 찢어버리는 순간

"여기 운영 가이드나 매뉴얼이 있나요?"

"여기 있긴 한데요. 근데 왜요?"

"아, 궁금해서요."

회사나 단체에 가서 일원이 되려면 배우는 것이 있잖아. 그 공동체의 규율, 원칙, 법 같은 것 말이야. 한 나라를 이해하려면 관광보다 그 나라의 법전을 보는 게 더 빠른 것처럼, 가이드나 매뉴얼을 보면 공동체를 운영하는 모양새와 뿌리를 알 수 있어. 목차와 순서, 문장과 단어, 세부 조항에는 그 공동체를 구성하는 함축된 기호가 가득하거든. 정확히 말하면 그 세계를 만든 주인의 머릿속과 세계관, 철학을 들여다볼 수 있지.

지금 내가 일하는 회사에 입사할 때 나를 고용한 대표님한테 "여기 혹시 브랜드 가이드 또는 디자인 가이드 같은 것이 있어요?" 하고 물으니, "여기 있어요." 하고 그 대표님이 건네준 게 딱 종이 한 장이었지. 종이 한 장에는 엄청 커다란 두 글자만 적혀 있었어.

"풋! 아―"

두 글자 위에는 작게 '배달의민족 브랜드 가이드'라

고 제목이 쓰여 있었지. '이게 뭐지? 장난인가?' 했는데 가만 보니 이런 의미인 거야. 척 보면 '풋!' 웃음이 나고 그다음은 '아—' 하고 공감할 수 있는 브랜드가 되겠다. 위트와 진지함이 결합된 것을 만들라는 뜻이었지. 그 가이드는 이미 동료들이 일할 때 중심을 잡아주는 충분한 원칙으로 잘 작동되고 있더군. 신기했지. 아주 마음에 쏙 들었어. 두껍고 말이 많은 가이드가 있는 조직일수록 되게 구리게 돌아간다는 사실을 알고 있었거든.

'가장 중요한 원칙 한 가지만 기억하고, 이런저런 제작물을 자유롭게 기획하고 만들어도 된다니! 뿌리가 견고하면서도 심히 자유로운 이런 가이드가 다 있나!' 마음속이 뻥 뚫리는 기분이었어. '이햐, 내가 가이드를 안 만들어도 되는구나. 야호! 아니구나. 일이 더 어렵고 깊어지는 거구나. 야… 호' 하고 환호성을 지른 동시에 생각이 깊어졌지.


오래전, 나는 클라이언트를 위해 수많은 용역을 맡아 가이드나 매뉴얼을 만들었어. 초기에 멋진 작업물을 만들어주어도 그것이 같은 품질로 유지되려면 운영 가이드가 필요하잖아. 담당자가 계속 바뀌어도 누군가는 문제 원리를 이해하고 쉽게 따라 해야 하기 때문이지. 하지만 시간이 지나면 처음 의도와 달리 품질은 이상해지고 제 마음대로 변하고 널뛰고 이윽고 정체불명의 짬뽕 결과물이 되는 걸 보면서 속상했지. 어쩔 수 없다는 생각이 들었어. 나도 완벽한 설계자가 아니라 가이드 언어가 왜곡되는 걸 막을 수 없더군.

가이드는 늘 불완전한 어떤 선언문 같은 성격일 수밖에 없고 안 읽히는 진부한 형식지가 되지. 한편 그런 가이드 형식지를 아주 중요한 인생의 나침반 삼아 꼼꼼하게 따르는 이도 있어. 아주 순종적인 사람이지. 세상 규율을 의심 없이 잘 따르며 인생을 무리 없이 꾸려온 이들일 거야. 리스펙트Respect 해. 학교에서 페이지 숫자를 그대로 따르고 숙제를 빠짐없이 잘하며 훈련받은 이들을 나는 존경해. 질서를 지켜주는 착한 이들이니까. (나는 늘 꼼수로 숙제를 후딱 하려 했던 터라 착하지 않아)

가이드를 꼼꼼하게 잘 따르면 질서가 유지되는 것 같은 평화로움이 생기지. 가이드를 만든 사람도 잘 통제되고 있다고 여기니 칭찬하게 되고 말이야. 하지만 '시간'이라는 엄청난 변수가 그 가이드의 의미를 딱딱하게 만든다는 사실을 우리는 잊는 듯해.

예를 들면 이런 거야. 지금 다니는 회사에 "퇴근할 때 인사하지 않는다" 같은 일터 문화 가이드가 있어. 이런 규칙을 만든 이유는 퇴근 시간에 자꾸 이상한 감정 흐름이 생기면서 나빠진 조직 문화를 개선해야 했기 때문이었지. 상사가 퇴근하면서 "얘들아, 미안해. 먼저 갈게"라고 미안해하니 '야근 안 하고 당당히 퇴근하면 이상한 것'이라는 인식이 지배했거든. 반대로 팀원이 퇴근할 때 상사가 "어이, 오늘은 일이 없나 보네?"라고 비꼬는 농담을 하니 감정이 상하고 신뢰가 깨지는 거야. 인사는 좋은 것이잖아. 집에 간다는 인사는 더 좋잖아. 그런데 스타트업에서도 '칼퇴는 눈치 보이는 것'이라는 기업 문화가 이어지고 있었던 거야. 끊어지지 않는 질기고 질긴 기업 문화지.

그래서 그 씨앗을 아예 없애기 위해 "퇴근할 때 인사하지 않는다" 같은 가이드를 만들어 6개월 넘게 강도 높은 사내 캠페인을 했어. 무식한 캠페인 같지만 큰 문제 해결에 앞서 그런 작은 문화를 하나씩 고쳐나가야 한다고 생각했거든. (그래서 어떻게 됐냐고? 성공했어! 야호!) 그런데 그 문화가 정착되어 잘 지켜지자 또 다른 문제가 생겼지.

몇 해 전, 퇴근 시간에 엘리베이터를 기다릴 때였어. 갓 입사한 후배 동료가 내 근처로 오기에 반가워서 웃었는데 인사를 안 받아주는 거야. 내가 가볍게 물었어.

"땡땡 님은 인사 안 하네요?"

그랬더니 땡땡 님이 그러는 거야.

"우리 회사는 퇴근할 땐 인사 안 하는 거잖아요."

아주 놀라운 대답이었어.

"아… 그렇군요. 그런데 땡땡 님은 우리 인사 안 하는 규칙을 왜 만들었는지 아세요?" 했더니, "음… 잘 모르겠는데요"라고 말하는 거야. 그때 알았지. '아하, 손가락으로 어딘가 가리키면 손가락 끝만 본다는 것이 이런 거구나. 규칙의 이유도 모른 채 손가락 끝에 불과한 실행 안을 열심히 따른다는 게 이런 거구나.'

엘리베이터 안에서 땡땡 님에게 살짝 말해줬어.

"예전에 우리가 이런저런 이유로 그런 규칙을 만든

거예요. 반가울 땐 그냥 인사해도 괜찮아요."

친절히 이유를 알려주었더니 라일락 향기를 맡은 사람처럼 표정이 살아나는 거야. 손가락 끝만 보다가 손가락 저쪽에 예쁜 달이 뜬 걸 보니 얼마나 행복했겠어. 그런 달 보는 이야기를 아무도 해준 적이 없었다는 게 문제였을까? 우리 삶 자체가 이유를 묻지 않아도 잘 사는 공기로 꽉 차 있다는 게 문제일까? 가이드와 규칙은 시간이 지나면 끄트머리만 남고, 그것을 만든 이유와 맥락은 증발하는 게 세상 순리여서 그런 걸까?

어쨌든 가이드나 규칙은 단순해야 좋아. 지켜야 하는 항목이 많을수록 자율성이 확실히 줄어들기 때문이야. 스스로 생각하지 않고 고민 없이 따르게 하는 편안한 가이드를 만들 것인가? 스스로 결정하고 생각하는 여지를 충분히 주는 불편한 가이드를 만들 것인가? 매번 갈등하지.

학교에서 배우는 규율, 어떤 단체의 원칙, 약관과 조례 들은 그런 갈등 사이에서 탄생한 결과물이야. 그런데 그것이 문제를 해결하면서 또 다른 문제를 만들어내. 기업들이 딱딱하고 획일화된 조직 문화를 개선하겠다며 '비즈니스 캐주얼'이라는 이상한 말을 만들면서 복장 규정을 새로 만드는 것도 우습잖아. 어디까지 캐주얼인지를 설명하기 위해 더 복잡하고 난해한 설명을 덧붙인 가이드를 본 적이 있어. 코미디 교본 같았지. 무늬가 어느 정도 화려한 스니커즈를 신어도 되는지, 7부 바지와 8부 바지 중 어디까지 허용되는 것인지, 슬리퍼를 신으면 안 된다고 했는데 뒤꿈치를 덮고 구멍이 숭숭 뚫린 신발은 괜찮은 것인지, 전혀 캐주얼하지 않은 정신으로 캐주얼 가이드 만들기에 엄청난 에너지를 쓰고 있잖아. 그냥 단순하게 '맨발과 잠옷, 수영복은 안 됩니다' 정도의 가이드 한 줄이면 충분하지 않을까 싶은데 말이야. 직원들을 못 믿어서일까? 다양한 것들이 넘쳐나면 질서가 무너질까 봐 두려워서일까? 지킬 것을 명확히 말해줘야 책임질 일이 줄어들어서일까?

자율(자유 아님)과 원칙이 균형 잡힌 절충점은 없을까? 기업의 가이드는 핵폭탄 관리 가이드나 의약품 취급 가이드가 아니잖아. 통제와 감시보다 용기와 가능성을 열어주는 언어로 가이드를 만들 수도 있잖아. 스스로 규칙을 잘 지키면서, 규칙이 만들어진 이유를 찾아보게 하면서, 더 나은 규칙을 만들 수 있도록 안내하는 '가이드 만드는 법'이 있어.

가이드 첫 페이지에 '가이드의 한계점'을 고백하는 거야. 완벽하지 않음을 스스로 밝히면 겸손한 가이드가 되지 않을까? 최선을 다해 만들었지만 불완전한 부분이 있을 수 있으니 당신의 역할이 필요함을 요청하는 거지. 읽는 이의 입장에선 지시사항보다 편하게 받아들일 수 있을 거야. (어쩔 수 없이 가이드는 피곤한 잔소리 같아서 재미가 없지만 말이야)

가이드 마지막 페이지에 '가이드의 규칙'을 당신이 깨주길 원한다고 용기를 북돋는 멘트를 넣어주면 아주 좋지. 실제로 내가 일하는 영역에서 여러 제작 가이드를 만들 때 이런 메시지를 넣어.

"이 가이드를 보고 새로운 것을 만들려는 당신을 응원한다. 여기 있는 규칙을 지키는 것이 아니라 규칙을 깨는 것이 당신의 목표가 되기를 바란다. 규칙이 깨져 더 멋진 결과물이 나온다면 당신을 본받아 이 가이드를

업데이트하고 싶다"라는 투의 글을 잘 다듬어 넣어달라
고 가이드 담당자에게 꼭 부탁해. 지금 내가 다니는 회
사는 덩치가 커지고 직원도 많아져서 "풋! 아―"라는 한
장짜리 가이드만으로는 돌아가지 않거든.

재작년쯤 회사에서 일본 신규 사업을 시작했거든.
처음에는 일본 현지 디자이너가 한국 본사에서 만든 초
기 브랜드 가이드를 보고 일했어. 정확히 말하면 베리
에이션Variation(업자 전문 용어로 '베리친다')을 했지. 프로젝
트가 진행되는 도중에 투입되어 반복 재생산하는 업무
를 해야 했지. 그가 가진 주도권은 많지 않았어. 그도 명
색이 크리에이티브 전문가이기에 정해진 가이드에 따라
일하는 게 그리 신나진 않았을 거야. 처음부터 일을 같
이 시작했다면 주도권이 있었을 테니 내 일이라 생각하
고 즐겁게 일했겠지만 말이야.

그가 일을 시작한 지 한두 달이 지났을까? 숨 가쁘
게 프로젝트를 마무리한 후, 그와 화상통화를 했는데 이
런 이야기를 하더군.

"제가 지금까지 디자인 가이드를 숱하게 봐왔는데

요. 여기 가이드는 정말 재밌어요. 억누르는 게 아니라 마음껏 즐겁게 스스로 할 수 있게끔 안내해주는 가이드라서 너무 좋았어요. '가이드의 규칙을 넘어 스스로 일해달라'라는 멘트가 진짜 고맙더라고요."

이런 이야기를 킥킥대며 나눌 수 있어서 행복했어.

정해진 답을 거스를 때 더 좋은 답이 나와. 지키라고 만든 것이 아니라 깨트리라고 만든 것이 규칙이라면 세상은 넓고 깰 것은 많아.

규칙을 지키는 것이 아니라
규칙을 깨는 것이 목표가 되기를 바라.

Malang Malang